丝路留金

Treasures Along
The Silk Road

Metallurgical Art of
Ancient Asian Civilizations

亚洲文明古国
冶金艺术

深圳博物馆 编

文物出版社

图书在版编目（CIP）数据

丝路留金：亚洲文明古国冶金艺术 / 深圳博物馆编
. -- 北京：文物出版社，2024.9
ISBN 978-7-5010-8420-3

Ⅰ．①丝… Ⅱ．①深… Ⅲ．①金属器物－亚洲－古代
－图录 Ⅳ．①K883.064.02

中国国家版本馆CIP数据核字(2024)第086238号

图录编审委员会

主　　　任：黄　琛

副 主 任：蔡惠尧　杜　鹃　崔孝松

委　　　员：郭学雷　付　莹　卢燕玲　黄阳兴　李　飞

主　　　编：刘芷辰

编　　　委：王文丽　曹成铭

特邀撰述：苏荣誉　全　洪

丝路留金——亚洲文明古国冶金艺术

编　　者：深圳博物馆

责任编辑：王　伟

责任印制：张道奇

出版发行：文物出版社

社　　址：北京市东城区东直门内北小街 2 号楼

网　　址：http://www.wenwu.com

邮　　箱：wenwu1957@126.com

邮　　编：10007

经　　销：新华书店

印　　刷：雅昌文化（集团）有限公司

开　　本：889mm × 1194mm　1/16

印　　张：21.625

版　　次：2024 年 9 月第 1 版

印　　次：2024 年 9 月第 1 次印刷

书　　号：ISBN 978-7-5010-8420-3

定　　价：586.00 元

策展团队

项目总监：杜　鹃
学术指导：杨耀林　任志录　吉笃学　乔文杰
展览监管：李　飞
策 展 人：刘芷辰
设 计 师：王文丽
展务管理：刘芷辰
策展助理：曹成铭
施工统筹：冯艳平
宣 传 员：吕宇威
讲 解 员：王苑盈
教 育 员：胡秀娟
信息技术：杨　帆　陈自闯

鸣谢

展览支持：中国文物交流中心
展览总策划：谭　平
展览监制：周　宇
展览统筹：罗利君
展览执行：盛　夏　杜泽瑜　许云燕

展览支持：平山郁夫丝绸之路美术馆　株式会社黄山美术社
　　　　　北京鉴钟文化传播有限公司
策　　划：平山东子　陈建中
文本撰写：平山郁夫丝绸之路美术馆
展览执行：刘振华　罗逸琳　卢　杰　毛晓白　李　琦

目录 Contents

黄金视角：东西方早期黄金崇拜与工艺体系

苏荣誉 / 中国科学院自然科学史研究所退休教授 *

引子

（泰门在树林中：）金子！黄黄的，发光的，宝贵的金子！不，天神们啊，我的誓言绝不是信口胡说的，我只要你们给我一些树根！这东西，就是这些东西，可以使黑的变成白的，丑的变成美的，错的变成对的，卑贱变成尊贵，老人变成少年，懦夫变成勇士。嘿！你们这些天神啊，为什么要给我这东西呢？嘿，这东西会把你们的祭祀和仆人从你们的身旁拉走，把壮士头颅底下的枕垫抽去；这黄色的奴隶可以使异教联盟，同宗分裂；它可以使受诅咒的人得福；使害着灰白色的癞病人为众人所敬爱；它可以使窃贼得到高爵显位，和元老们分庭抗礼；它可以使鸡皮黄脸的寡妇重做新娘，即使她的尊容可以使身染恶疮的人见了呕吐，有了这东西也会回复三春的娇艳。来，该死的土块，你这人尽可夫的娼妇，你惯会在乱七八糟的列国之间挑起纷争，我倒要让你去施展一下你的神通。

啊！你可爱的凶手，帝王逃不过你的掌握，亲生父子被你离间，啊！你有形的神明，你会使冰炭化为胶漆，仇敌互相亲吻，使每一个人唯命是从。

——莎士比亚（1564～1616年）《雅典的泰门》第四幕第三场 [1]

戏剧大师莎士比亚（1564～1616年）根据雅典生性豪爽、乐善好施贵族泰门的经历，富贵时屡屡被人骗财而倾家荡产，最后孤独终老的故事，悟出了金（钱）的魔力，深刻揭示了黄金的本能和拜金主义诸态，写出来这段具有穿透力的"黄金咒"。马克思（Karl H. Max, 1818～1883年）在《资本论》中讨论货币，曾引用了这段脍炙人口的直白。[2]

---

* 苏荣誉，陕西山阳人，1979年进入西安交通大学机械工程系铸造工艺与设备专业学习，1983年进入中国科学技术大学自然科学史研究室，在华觉明先生指导下攻读硕士研究生，1986年毕业后进入中国科学院自然科学史研究所，开始以金属史为主的技术史研究，从助理研究员晋升到研究员，博士生导师，直至2022年退休。先后曾在德、美、英等国的大学、博物馆和研究机构从事研究和教学，担任过多所大学和研究所的客座教授和学术委员。研究古代金属四十余年，有两百多种论著。

[1] 莎士比亚：《雅典的泰门》（Timon of Athens），朱生豪译，沈林校，《莎士比亚全集》卷六（悲剧下），译林出版社，1998年，第464~465页。

[2] 马克思：《资本论》第1卷，见《马克思恩格斯全集》第23卷，人民出版社，1975年，第152页注91。

图 1　澳大利亚自然金块（富地博物馆藏）

一、黄金：赋存与性能

　　黄金是构成地壳的一种化学元素，因拉丁语名字 aurum，元素缩写便是 Au，原子量为 79，在元素周期表中属 IB 过渡族，相对原子量约 196.97，化合价为 +1 和 +3。它在地壳中的丰度为 0.004ppm（十亿分之四），较同为过渡族元素银的丰度 0.08ppm 和铜的丰度 68ppm 都低，[3] 稀缺性是它的重要特色，具备珍宝的特质。

　　金的密度高达 19.32 克／立方厘米，是密度最大的金属，因此，不仅容易以重力筛选的方法将其分离出来，也可依此重要特征，将真金与伪金和金合金相区分。

　　一价金的标准电极电位为 1.68v，三价的是 1.50v；第一电离能为 889.1kj/mol，第二至第四电离能分别为 1978.7、1894.6 和 4200kj/mol，都很高，说明金具有极高的化学稳定性，与氧、氢、硫等不会直接反应，也不受碱性溶液和熔融碱的侵蚀，对大多数有机酸和有机化合物稳定，仅干燥卤素在室温下偶尔对金有轻度腐蚀，因其优异的耐蚀性而具有持久不变、坚贞如一的特点，适于制作珍贵物品、首饰、货币而被珍藏。

　　黄金有惰性，一方面几乎不会被氧化和腐蚀，表现出坚贞不屈不耗的品质；另一方面也几乎不与其他元素形成化合物，以单质存在于地壳，即自然金。自然金经常会富集形成小的颗粒，即金砂，偶尔也会形成大块，形状各异，重量不等，甚至重达数公斤，习称"狗头金"。芝加哥富地博物馆（Field Museum）收藏的一块澳大利亚自然金块，形如土豆，表面光滑，应是河流作用使之呈鹅卵石态；重约四磅，合 1814 克（图 1）。

　　金的晶体为面心立方结构，纯金很软，维氏硬度仅 25HV，抗拉强度仅 130Mpa，但其硬度和强度对杂质敏感，退火态 99.9% 商业纯金的硬度和强度，分别为 35HV 和 180MPa。[4] 黄金具有金属中最高的塑性和延展性，其退火态伸长率高达 50%，无需中间退火可以将其锻

[3] N. N. Greenwood, A. Earnshaw：《元素化学》（下），王曾隽等译、曹庭礼等校，高等教育出版社，1996 年，第 402 页。

[4] 宁远涛：《金及其主要合金》，见黄伯云等主编：《中国材料工程大典第五卷·有色金属材料工程》（下），化学工业出版社，2006 年，第 364 页。

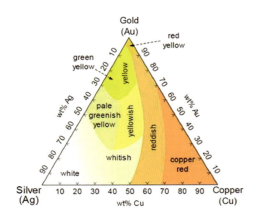

图 2　金—银—铜合金色谱图

图 3　瓦尔纳 36 号墓部分金饰（引自《黄金の
アフガニフダ》页 10 ）

至厚约 250 ~ 500 原子层，即 0.05 ~ 0.1 微米的金箔，几可透光，一克金可以打成厚 60 纳米 0.9
平方米的金箔；延伸率可达 186000 倍。[5] 易于压力加工形成纤细的丝、蝉翼薄的箔以及微小
的珠，是黄金的重要特点。

　　金的熔点 1064.59℃，较铜的熔点略低。其再结晶温度与其纯度、原始晶粒度和变形程度
有关。大变形高纯金（99.999%）的再结晶温度低于 150℃，但当变形量大于 5% 时，再结晶
温度降低到 80℃ 以下，说明大变形高纯金在室温即会出现回复软化。99.95% 的商业纯金再
结晶温度可提高到 200℃ 以上。这一特性表明金在锻打加工时不易加工硬化，很低温度退火即
可恢复初始状态，继续加工。

　　纯金具有鲜亮的黄颜色，很令人瞩目，既容易由此辨识砂土中是否含有黄金，是发现它
的重要途径，也能以各种甚至相当经济的形式装饰空间或器物使之堂皇和鲜亮，成为黄金在
古代社会的一个重要功用。

　　黄金可以与同族元素银（Ag）和铜（Cu）形成合金，在增加强度的同时，黄色的金、白
色的银和红色的铜，不同比例呈现出不同的颜色（图 2），古代金匠很早就具有这类知识，制
造特殊金合金，呈现特定的颜色。

二、金器原始与黄金崇拜

　　由于金的天然态，古人发现它的可能性更大。[6] 据说在西班牙的山洞中发现了大约四万年
前旧石器时代人采到的小金块。

　　新石器时代采集金块的材料还有待发现，但考古事实揭示出在铜器时代（Copper Age
或 Chalcolithic Age，译作铜石并用时代）的东南欧，约在公元前 3500 年之前，已经大量使

[5] A. Butts, C. D. Coxe，宁远涛：《金及其主要合金》，见黄伯云等主编：《中国材料工程大
典第五卷·有色金属材料工程》（下），化学工业出版社，2006 年，第 364 页。
[6] Lance Grande, Allison Augustyn, *Gems and Gemstones: Timeless Natural Beauty of the Mineral
World,* Chicago: University of Chicago Press, 2009, pp. 286-291.

用金饰品，表现出强烈的拜金倾向。

1972 年，因缆线工程在保加利亚东北黑海之滨发现的瓦尔纳（Varna）墓地，是该地区所发现同类墓地之一，包括西南欧最大史前墓地的 Durankulak 湖现象，共计 320 座"埋葬"，还包含一个年代相近的新石器时代聚落和一个铜石并用时代聚落。这些遗址均属于铜石并用时代，其中以瓦尔纳墓地最突出，故称之为瓦尔纳文化（Varna Culture），年代在公元前 4500 至前 4200 之间。

在瓦尔纳业已发现的 294 座瓦尔纳埋葬，包括墓葬、窖藏和象征性瘞埋，类型复杂。墓葬有屈肢和直肢式别，有些墓中没有骨植仅有随葬品；象征性的（空）墓富葬金器，其中的三座各葬有未经烧过的陶面具。瓦尔纳文化的瘞埋中往往厚葬多彩陶器（约 600 多件），百分之七十的墓葬有早期金器、铜器随葬，并有高质量细石器、黑曜石刀及珠、鹿角和蚌器出土。这些器物现收藏在瓦尔纳考古博物馆（Varna Archaeological Museum）。[7]

瓦尔纳墓葬出土的公元前五千纪的金制品，少则一件，多者近千，不仅数量大，总量超过三千件，重量约六公斤，而且种类多，包括锥、凿以及各类饰品，品质都很高。最为突出的是一区 No.36、No.4、No.1 和 No.43 具有象征性，随葬有数十至数百件金器；而较为特殊的 No. 2、No. 3 和 No. 15，可以推测是具有特别意涵概念的葬坑，其随葬品的组合与风格特征表明属多个个体信仰多神的葬坑，如 No. 2 中随葬有一陶头，装饰多件金器。[8]

可惜因施工破坏，一些埋藏的骨植不明，器物的组合也被扰乱，但所随葬金器则大体遵循着典型的配置，包括臂钏、手镯、金珠项链等首饰，以及衣服泡饰、金叶装饰的法器和装备（图 3）。[9]

墓 No. 43 是随葬金器最多者，墓主男性，年龄在 50 至 65 岁，最初以为是王子，但其病理近乎蹲坐强劳，小臂强健，加上随葬品中出土锥子、凿子、软石砧、燧石刮刀、锤斧和鹿角等工具，更像一个金匠。[10]

据考古清理到骨架的照片（图 4），墓属土坑竖穴式，骨架完整，头略被垫高，双手搭在

[7] Vladimir Slavchev, "The Varna Eneolithic Cemetery in the Context of the Late Copper Age in the East Balkans," in David W. Anthony, Jennifer Chi, ed. *The Lost World of Old Europe: The Danube Valley, 5000-350 BC*, Princeton: Princeton University Press, 2010, pp. 192-210.

[8] Verena Leusch, Ernst Pernicka, and Barbara Armbruster, "Chalcolithic gold from Varna – Provenance, circulation, processing, and function," in Harald Meller, Roberto Risch, und Ernst Pernicka ed., *Metalle der Macht – Frühes Gold und Silber, 6. Mitteldeutscher Archäologentag vom 17. Bis 19. Oktober 2013 in Halle (Saale)*, Halle: Landesamt fr Denkmalpflege und Archäologie Sachsen-Anhalt, 2014, pp. 165-182.

[9] Attila Gyucha, William A. Parkinson, "Introduction," in Attila Gyucha, William A. Parkinson ed. *First Kings of Europe: From Farmers to Rulers in Prehistoric Southeastern Europe*, London: UCLA Cotsen Institute of Archaeology Press, pp. 2-25.

[10] Miljana Radivojević, Benjamin W. Roberts, "Balkan metallurgy in a Eurasian context," in Miljana Radivojević, et eds, *The Rise of Metallurgy in Eruasia: Evolution, Organization and Consumption of Early Metal in the Balkans*, 2021, pp. 601-618. Verena Leusch, et al., "Rich metallurgists'(?) graves from the Varna I cemetery – Rediscussing the social role of the earliest metalworkers," in Anne Brysbaert and Alexis Gorgues ed., *Artisans versus Nobility? :Multiple Identities of Elites and 'Commoners' Viewed through the Lens of Crafting from the Chalcolithic to the Iron Ages in Europe and the Mediterranean, 2017*, Leiden: Sidestone Press, pp. 101-124.

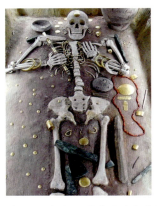

图 4　瓦尔纳 43 号墓（引自《黄金のアフガニフダ》页 10）

图 5　瓦尔纳金偶（引自 Miljana Radivojevic, 2021, fig. 7c）

胸前，双腿直伸。骨架周围有很多各式随葬品，包括陶、石、铜、金和玛瑙多种材质，但最为显眼的是金器，几乎都是饰品，遍布全身。前额和头顶的圆泡形金片，和头周围的七片，以及内侧的六个金丝小环，可能都属于冠饰，缀结在有机质上。靠近耳部各有两个较大的金丝环，当是耳环。左、右肘各带以金珠串饰，右臂带两个圆环形钏，左臂带两个相同的金钏，外加一个包金蚌钏；[11] 右手持一把石斧，柄系木质，柄外分段包金、嵌金，并从斧的横銎穿出。右胯外边的金筒，应是阳具的装饰，已经移位；腹和右腿右侧散落的二十多枚小圆泡，应当是华服的装饰，左侧几乎不见，说明衣服摆向左边；两腿间的两个圆形大金饼，所属不明；裆下的两串金珠也是如此，或者与阳具的兜饰有关。骨架左侧红玛瑙串饰中的一个圆形和两个长条形金片，及其下方的被压扁的、左臂内侧的较粗金管，可能都是杖的装饰；其他散落的金饰的所属，难以推测。

　　瓦尔纳发现的金器，原材料都是自然金，但金器的材质各有不同，呈色从黄色到浅粉色，不少器物含银和铜，银的成分从 5% 到 45%，而铜从 0.05% 到 2.5%，表明其材质来源不同，或者是由不同的金匠所制作。271 号墓出土的一件片状穿孔金偶（ring-idol，图 5）的材质尤为特别，是迄今所知最早的金—银—铜三元合金，三元素的重量比分别是 50%、14% 和 36%。各式各样的金珠，颜色有别，材质不同：43 号墓中的浅色环状珠，含银很高；而黄色的环形和管形珠（图 6），则含金 58%、银 40%、铜 2%。[12]

---

[11] 飯冢隆等：《黄金伝説展》(The Golden Legend)，東京新聞社，2015 年，页 44。

[12] Verena Leusch, et al., "Chalcolithic Gold from Varna, - Provenance, Circulation, Processing, and Function," in H. Meller, et eds., *Metals of Power – Early Gold and Silver, 6th Archaeological Conference of Central Germany*, Halle, 2014, pp. 165-182. Verena Leusch, et al., "On the Invention of Gold Metallurgy: The Gold Objects from the Varna I Cemetery (Bulgaria) – Technological consequence and inventive creativity," *Cambridge Archaeological Journal 25*, 2016, pp. 353-376. Verena Leusch, et al., "Rich metallurgists'(?) graves from the Varna I cemetery – Rediscussing the social role of the earliest metalworkers," in Anne Brysbaert and Alexis Gorgues ed., *Artisans versus Nobility?: Multiple Identities of Elites and 'Commoners' Viewed through the Lens of Crafting from the Chalcolithic to the Iron Ages in Europe and the Mediterranean*, 2017, Leiden: Sidestone Press, pp. 101-124.

图 6　瓦尔纳金珠
（引自 Miljana Radivojevic, 2021, fig. 7d）

图 7　瓦尔纳金珠
（引自 Miljana Radivojevic, 2021, fig. 7b）

图 8　瓦尔纳鎏金铜管
（引自 Miljana Radivojevic, 2021, fig. 7a）

　　瓦尔纳出土的金器，几乎采用了除拔丝和炸珠之外的所有重要的金属工艺，包括铸造、锤揲、錾、凿、剪切、冲孔、锻接等，工具众多，成形后用沙、石、灰等进行抛光。此外，还用金或金—银合金装饰陶器。

　　需要特别指出的是，四号墓出土中空的金珠（图 7），应该是以失蜡法铸造成形，珠子圆整，表现出很高的铸造工艺水平，也是迄今所知最早的失蜡铸造实物，将这一工艺前推到公元前第五千纪。

　　另外，41 号墓中出土的金色短管（图 8），经分析，原系铜鎏金制品，不仅将鎏金的历史提前到公元前第五千纪，而且充分说明了金的高贵，而鎏金是将普通金属"化妆"成珍品的一条重要途径，原本的铜管也是失蜡铸造成形的。[13]

　　瓦尔纳墓地的发现，强烈地表现出公元前五千纪欧洲东南地区对黄金的珍视和崇拜，正是如此，不仅出现了多种材质的合金，而且发展出完整的合金加工技术体系，虽然诸多细节以及技术渊源还不清楚，但瓦尔纳之后，大约公元前五千纪末，合金制作的中心向西迁移到喀尔巴阡盆地（Carpathian Basin），1964 年在罗马尼亚莫伊格拉德（Moigrad）发现的一个窖藏，出土了五六公斤的金器，[14] 完全继承了瓦尔纳的黄金观念和技术。

三、西方早期的拜金与金工

　　两河流域是人类文明的摇篮，那里的金属冶炼与加工技术在传播到北非、近东、中亚、西伯利亚和南亚的同时，也将其价值观念和艺术表现传播到相应的各地并辐射到更广大的空

[13] Miljana Radivojević, Benjamin W. Roberts, "Balkan metallurgy and Society, 6200-3700 BC," in Miljana Radivojević, et eds, *The Rise of Metallurgy in Eurasia: Evolution, Organization and Consumption of Early Metal in the Balkans*, Oxford: Archaeopress Archaeology, 2021, pp. 11-37.

[14] H. Dumitrescu, *Connections between the Cucuteni-Tripolie Cultural Complex and the Neighboring Eneolithic Cultures in the Light of the Utilization of Golden Pendants*, Dacia 5, 1961, pp. 59-93. J. Makkay, "The Rise and Fall of Gold Metallurgy in the Copper Age of the Carpathian Basin: the Background of the Change," in G. Morteani and J. P. Northover ed., *Prehistoric Gold in Europe: Mines, Metallurgy and Manufacture*, Dordrecht: Kluwer Academic Publishers, 1995, pp. 65-76.

间。限于篇幅，这里只能就两河流域、古埃及、古希腊、西伯利亚和阿富汗各举一例以说明其黄金观念和主体加工工艺。

1. 两河流域：乌尔王朝

两河流域（Mesopotamia）被认为是人类文明的摇篮，但迄今所发现的黄金则晚于东欧的温查文化。黎凡特（Levant）地区所知最早的金器可以上溯到公元前第四千纪早期。1990年在其西岸的卡纳河谷（Qana Wadi）的纳哈尔卡纳（Nahal Kana）洞穴墓地中，一座墓发现了八件近乎方形截面的圆形金环，虽然形态基本一致，都是金、银、铜合金，但成分各不同，四号含金量最大（98.00%），含银量最小（1.47%），一号含金量最小（64.43%），但含银量最大（35.22%），铜含量均较低，在0.35%（一号）到1.25%（五号）之间。神奇的是表面与基体成分不一。[15]

苏美尔（Sumer）文明形成于两河流域的南部，是美索不达米亚文明的早期代表，早在公元前五千纪，即已发明文字，逐步建立起城邦社会，包括位于幼发拉底河口附近的乌尔（Ur），但不久即陷入争霸乱局，并先后被乌鲁卡基那（Urukagina，约公元前2378～前2371年在位）、卢卡扎克西（Lugal-Zage-Si，公元前2359～前2335年在位）的短暂统一。后来闪米特人（Semitic）萨尔贡（Sargon，公元前2354～前2279年）建立阿卡德（Akkadian）统一帝国，不到三百年被库提人征服而分裂。公元前2113年，乌尔纳姆（Ur-Nammu）建立乌尔的第三王朝，再度统一两河流域。

1922～1934年，英国考古学家列奥纳德·伍利（Leonard Wooley，1880～1960年）率领大英博物馆和宾州大学合组的乌尔考古队，发掘了一批王室墓，多墓室，墓中往往殉葬多人，甚者超过八十，具有早期王室墓的特点，大多属于早期第三王朝后期。墓中随葬各式宝藏，多是个人生前和死后用品，往往还有船模。此前认为该墓地年代跨度大约三个世纪，主要在公元前2600至前2400年间，但新的研究认为各墓出土材料高度一致，墓地持续的时间大约一个世纪或者更少，年代下限当在公元前2400年。

乌尔墓地中保存较好的一对墓，PG789曾遭盗掘，墓主为国王麦斯卡拉姆杜格（Meskalamdug）；该墓紧邻的PG800，据出土的印章，墓主是王后蒲阿比（Puabi），系麦斯王的第二任妻子，年代断在公元前2550至前2400年间。这两座墓都有一个石室，年代略有差别，殉葬者包括军士、乐师和男女仆人。伍利回忆当年发掘的情景：进入墓室，可见墓主穿着鲜亮的衣服，头戴镶嵌绿松石的金、银冠，略远的乐师们拥着竖琴或七弦琴，拿着铙钹和叉铃，后面有牛或驴子牵引的豪车，由驭手驾着，马夫托着动物的头在饲喂。每个男女都拿着一个小小的、或陶或石或金属的杯子，参与在仪式之中。

国王麦斯卡拉姆杜格墓中出土的珍品不少，靠在墓室西北的大七弦琴是其中之一，出土时置于三具骨架之上，那三个人都是女性，当是乐师或歌者。琴的主体系木质，有些糟朽，

---

[15] 带能量散射电子探针扫描分析。Ave Gopher, et al., "Earliest Gold Artifacts in the Levant," *Current Anthropology*, vo. 31, No. 4, 1990, pp. 436～443.

图 9a　乌尔 M789 牛首七弦琴（引自 Art of the First Cities, p. 105）　　图 9b　乌尔 M789 牛首七弦琴金牛头饰（引自 Ur Excavations, vol. II, pl. 107.）　　图 10　乌尔普阿比竖琴 M800（引自 Ur Excavations, vol. II, pl. 111）

琴体镶嵌着精美的青金石、蚌壳，装饰着金和银（图 9a），其中以沥青托衬并粘结。肩部装饰的圆雕金牛头，鼻头翘起，一部青金石大胡须整齐下垂，双眼圆睁，眼珠和眼圈嵌青金石，眼白以白色蚌壳嵌入，双耳侧张，一对大角向上弧弯高耸，使琴华丽而生动（图 9b）。琴通长 1170、通高 1170 毫米，牛头高 356 毫米。打制这张琴使用了多种材料，金都是锤揲而成，牛头是在沥青上锤出，而牛角是在木头上包金叶。青金石用得较多，除眼珠和眼圈外，额中的丛毛、角尖、十二条胡须也是，但后者以银背相托。多种材料并用，体现了金匠对材料的驾驭能力以及色彩效果的追求。

　　王后蒲阿比墓 PG800 同样有多人殉葬，下葬时大约四十岁，身体覆盖着金、银、青金石、红玉髓、玛瑙珠和滚筒印，其中之一印文为王后蒲阿比。该墓随葬品很多，包括一架同类金牛头装饰的竖琴（图 10）、嵌青金石鎏金狮噬羊银首饰盒、嵌绿松石和蚌银狮首和牛首、狮野驴银缰环、带流金杯、阔口金杯等，其中墓主的头饰具有徽标性，包括梳子、发环（hair-ring）、冠饰（wreath）、发带（hair ribbon）和耳坠，由伍利亲手小心翼翼地提取（图 11a），经 X 射线多角度成像分析（图 11b），结构得以准确判断；经过漫长的修复（图 11c），发现冠饰和梳子很大，皆由金、青金石和红玉髓制作，后者高达 360 毫米；发带、发环和耳环均系金质，发环直径 27 毫米，系金丝环绕两至三周而成；耳坠直径 110 毫米，主体是月牙形两船相并，两头出金丝以穿耳孔。头饰最突出的是中央显眼的金梳，掌形金叶较窄的下端结在冠饰上，上端宽阔，大体均匀地劈成七条，几乎每条都在中段扭转并变窄，其顶端均系结一个盛开的花朵，上面花瓣交替填白、蓝两色膏，致其下垂。冠饰由两种金枝叶构成，为柳和山毛榉，它们与青金石和红玉髓管、珠交替串在细金丝上形成金环，并迭交环着头顶，叠压着较窄的绕头的六条金素带。树枝形金环上结着玫瑰花，花瓣同样交替填着白色和蓝色膏，结在串珠和金叶的环上。在头的后面可见耳下垂着双船形金耳坠，发束与头之间饰着金发环，而冠饰

 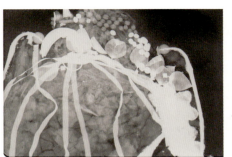  

图 11a　乌尔普阿比冠饰　　　　　图 11b　乌尔普阿比冠饰　　　图 11c　修复的乌尔普阿　图 11d　乌尔普阿
（引自 British Museum, 122294）　（引自大英博物馆档案）　　　比冠饰（引自 Art of the　比冠饰再复原（滨
　　　　　　　　　　　　　　　　　　　　　　　　　　　　　　　　First Cities, p. 135）　　州大学博物馆）

的金叶下，整齐垂着圆形金环，当以金丝系在环带上，具体待考（图 11d）。

　　这些丰富且珍贵的随葬品，材料如金、银和铜均非乌尔本地出产，可能来自于伊朗；青金石的使用量很大，应进口自阿富汗，为数众多的红玉髓可能来自印度。[16] 这些珍贵的材料，均色泽鲜艳，在绝大多数器物上，金所占面积最大，成为基调，其他各种物质以不同颜色做点缀性装饰，华美得十分恰当，拜金而不失身份。

2. 古埃及：图坦卡门

　　古埃及使用黄金的历史可以上溯到公元前四千纪的前王国时期甚或更早，上埃及（Upper Egypt）沙漠有黄金赋存，很早即知道采集并制作首饰、装饰和宗教用品，古王国时期即已形成了对黄金的偏爱和崇拜，成为财富和权力的象征。

　　图坦卡门（Tutankhamun）是新王国时期第十八代法老（公元前 1334～前 1323 年，相当于中商晚期），大约出生于公元前 1341 年，九岁继承王位成为埃法老，患有多种家族遗传疾病，十九岁暴亡。[17] 葬在卢克索帝王谷（Valley of the Kings, Luxor），墓葬编号 KV62。

　　1922 年，英国考古学家霍华德·卡特（Howard Carter, 1874～1939 年）领导的帝王谷发掘，在帝王谷中心右侧，一处位置较低处发现一座墓，墓从山谷底部向下开掘，入口即是墓道，联通四个墓室，规模较小，比同期的皇家陵墓小得多，而且装饰也少，规格上只是一座贵族墓。墓口被建筑垃圾和洪水推下的沙石所遮蔽，故而在古埃及第三中间期（公元前 1077～前 664 年）幸免于大规模的盗掘。尽管如此，该墓下葬后盗墓者曾两度进入，扰乱并拿走了若干随葬品，但也均被守陵者重新归置并用碎石填塞墓道，随后被山洪挟裹的沙石掩埋，

[16] Harry R. Hall, Leonard Wooley, and Leon Legrain, *Ur Excavations*, London: British Museum and Pennsylvania: Museum of the University of Pennsylvania, 1900, pp. 62-91. Julian Reade, "The Royal Tombs of Ur," in Joan Aruz, Ronald Wallenfels, ed., *Art of the First Cities: The Third Millennium B.C. from the Mediterranean to the Indus*, New York: Metropolitan Museum of Art, 2003, pp.93-117.

[17] T. G. H. James, *Tutankhamun: The Eternal Splendor of the Boy Pharaoh*, The American University in Cairo Press, 2000.

图12　图坦卡门金面具（引
自 Tutankhamun, p. 96 ）

图13　图坦卡门墓室壁画

得以保存。

打开墓葬，墓室中陈放着石椁，套着多重木棺，盛着图坦卡门的木乃伊，随葬着他的个人物品，包括家具、衣服和珠宝，因空间有限，随葬品被密集地包裹着，甚至需要破坏墓葬局部可使一些大家具能放置其中。因葬后墓被打开，加之渗水，随葬品的赋存状况各不相同。文物提取由卡特带领一位文物保护专家、一位摄影师和四位技工进行，发掘持续了十个工作季度，其间因法律纠纷而数度停工，大部分文物保存在开罗博物馆，最后一批文物于1932年移交。

最外层的木棺外面鎏金，镶嵌着玻璃和宝石。最内层棺主要由110.4公斤的纯金打制，以盛木乃伊。木乃伊中有143件物品，包括衣物、护身符和珠宝，另有两把匕首。图坦卡门头戴便帽，外罩金色王冠，但都藏在金面具中。这副金面具被后世啧啧称道，屡屡引用，成为古埃及文物的一个代表（图12）。

墓内没有浮雕装饰，唯一的装饰是墓室壁画。四壁的壁画均以金色作地，颇显得金碧辉煌。南墙的一幅，右边是图坦卡门向哈托尔（Hather）女神致意，后面跟着阿努比斯（Anubis）；左边是女神伊希斯（Isis），身后跟着三人（图13）。

图坦卡门墓哪些随葬品被早期盗走无从知晓，但绝大多数仍被保存，是迄今所知最完整的法老墓。四个墓室堆满随葬品，但有机物已基本糟朽，统共提取的文物多达5398件，包括413件 shabtis 俑和200多件珠宝。墓中出土了五百多件黄金制品，包括王冠、面具等头饰，项链、胸针等颈饰，手镯、手链等首饰，足镯等脚饰，也就是说，图坦卡门满身黄金。

墓室大部分空间被家具所占据，这些木质家具均鎏金，富丽堂皇。一件精美的宝座即满饰黄金，其上描绘着阿玛纳（Amara）时期艺术风格的图坦卡门和安赫萨蒙（Ankhesenamun）（图14a、b）。

以图坦卡门为代表的埃及法老，是躺在黄金、坐在黄金、四壁皆黄金的帝王，一方面反映了古埃及的富庶，盛产黄金，另一方面也表现出他们对黄金的酷爱和崇拜。

3. 古希腊：维尔吉纳

希腊地处欧亚大陆西段巴尔干半岛的南端，东面爱琴海，南入地中海，岛屿众多。大约

图 14a　图坦卡门王座　　　　　　　　　　图 14b　图坦卡门王座背
（引自 Tutankhamun, p.288）　　　　　　　（引自 Tutankhamun, p.289）

公元前三千年，米诺斯（Minoan）文明率先出现在克里特岛（Crete）和爱琴海地区，大约一千多年后，迈锡尼（Mycenaean）文明在希腊发展，并扩展到小亚细亚。公元前 8 世纪，早期古希腊文明在本土形成，涌现出民主城邦国家，并逐步向小亚细亚、塞浦路斯扩张，与向西扩的波斯帝国遭遇，经过长期的波希战争和奔罗奔尼撒战争。直到公元前 335 年，马其顿国王亚历山大（Alexander the Great, 公元前 356 ～前 323 年，公元前 336 ～前 323 年在位）平息内战，结束古典时代后，随即开始远征，历史进入希腊化时代。亚历山大先后征服了波斯、夺回了叙利亚和埃及、攻克巴格达、挥师印度河，建立起庞大的亚历山大帝国。公元前 323 年亚历山大病死，帝国随即分裂，古希腊历史结束并走进新的阶段。

古希腊文明在两河流域和小亚细亚古文明的基础上，不仅将人类文明推向了新的高度，也将其扩展到欧亚大陆和北非更大的空间，文学、科学、艺术、技术、商贸等多方面均有所创新，但拜金观念仍一如既往，前引《雅典的泰门》很有代表性。

维尔吉纳（Vergina）是希腊北部的一个小镇，古代称 Aigai，曾是马其顿国的第一个首都。公元前 336 年，菲利浦二世（Philip II, 公元前 382 ～前 336 年）在这里的剧场遇刺，其子亚历山大登上王位。1977 年，在这里发现了 51 座完整的包括菲利普二世的马其顿王室墓，基本上是桶形穹窿顶石室大土墩类型，其中 50 座曾遭盗掘。

二号墓随葬着奢华的金银器、精致的礼仪兵器和时髦的铠甲，另有一个珍宝贵窖藏。石棺内有一只金盒，盛着精心火化的男人骨头，用紫色织物包裹着。而前厅另一个金盒内，则用同样纺织品包裹着一具火化的女性骨头，并覆着美丽的金冠。两只金盒上面浮雕着马其顿王室特有的"维吉纳太阳"（Vergina Sun）标志（图 15）。[18] 对盒中骨头的精细研究，发

---

[18] Angiliki Kottaridi, "The Legend of Macedon: a Hellenic Kingdom in the age of democracy," in Ashmolean ed., *Heracles to Alexander The Great, Treasures from the Royal Capital of Macedon, a Hellenic Kingdom in the Age of Democracy*, Oxford: Ashmolean Museum, University of Oxford, 2011, pp. 1-24.

图 15　维尔吉纳金盒
（引自 Heracles to Alexander The Great, xvi）

图 16　维尔吉纳菲利普二世金饰（Vergina Archaeological Museum）

图 17　维尔吉纳菲利普王后金饰（Vergina Archaeological Museum）

现女性具有斯基泰人特点，而男女的下葬有着特殊的意识，男性椎骨上发现的金液滴，可以推测国王穿着华丽的衣服，当大火开始舔洗尸体时，曾被鞭笞。这样的葬仪见诸荷马史诗《伊利亚特》和《奥德赛》。

即使如此，考古发掘仍发现了大批珍贵遗物，包括多件金银器，除器具外，用金装饰身体颇为显著。菲利普二世的青铜头盔，前面的方形缺以金叶包边，缺口的一边压花圆金叶，遮挡住嘴。胸前两条交叉的压花金带，应当是前襟的镶边，两侧的压花圆泡，也是金叶类，应当缀在上衣的左右。一柄钢剑略残，护手、柄和首均包金；一个金叶式圆管，上有四列三角形透空，上端出四个长锐角三角形，当是权杖的装饰（图 16），显然还有缺失。随葬的女士应当是其配偶之一，金饰更加华丽，包括头带及其垂穗、金珠串成的项链、两件长发笄、两件弓形别针、四只小坠饰、两只镯、两副鞋底，长袍前襟镶金边，胸襟向外各伸出三片金叶，下摆满缀圆形、三角形、方形和叉形金叶饰片（图 17）。两位墓主人均已火化，这些衣冠上的金饰，表现出主人的地位和权势，充分表现出他们对黄金的宠爱。

菲利普二世之子建立的亚历山大帝国持续时间不长，但将希腊文化对黄金的崇拜和金工技艺扩散到更广大的空间，并为后继的古罗马时代所继承，一直持续到近代。

4. 西伯利亚：阿尔赞

俄罗斯图瓦（Tuva）共和国位于西伯利亚南部，萨彦岭以南，唐努乌拉山以北，大小叶尼塞河在此交会，历史上属唐努乌梁海。其阿尔赞文化（Aržan Culture）萨卡人（Saka）墓地，与新疆清河三道海子遗址属同一人群建造和使用。[19] 阿尔赞文化形成于斯基泰初期，即公元前 8 至前 7 世纪，是早期斯基泰文化的代表，所展示的"动物风格（animal style）"的雏形，是萨卡乌尤克文化（Uyuk Culture）的早期形态。

---

[19] 郭物：《论三道海子遗址群和图瓦阿尔赞墓地的关系》，《考古与文物》2022 年第 6 期，第 109 ~ 117 页。

图 18　阿尔赞二号丘
（引自 Konstantin Chugunov, 2024 fig. 2 ）

图 19　阿尔赞二号丘随葬金饰品（引自 Konstantin Chugunov, 2024 fig. 19 ）

阿尔赞文化包括一批随葬品丰富的墓葬，20 世纪 70 年代开始发掘，90 年代晚期继续开展。2000 ～ 2004 年，俄罗斯—德国联合考古调查发现的二号墩，因未曾扰动而尤为重要，碳十四年代在公元前 650—前 600 之间。这座墓主是一对王室夫妇，妇人可能生殉，具有典型的萨卡人基因特征，很好地融合了欧亚草原西部高加索人种（Caucasoid）和西部蒙古人种（Mongoloid）祖先的基因，随葬时杀殉了十六人（图 18）。

墓中出土了 9300 件随葬品，其中 5700 件属金质，重逾 20 公斤，另外是数千个珠子（图 19），包括四百个波罗的海琥珀珠，另有若干蚀花玛瑙珠，后两种被认为是长途贸易的结果。男主人被认为是一个君主，戴着金镯，上衣缀有 2500 件金豹形饰（图 20a、b），一柄包金短剑别在腰带上；裤子上缝着金珠，靴子以金上口。女主人的红色披风上满缀 2500 件金豹饰，佩一把金柄铁剑，戴一把金梳，另有一把金柄木勺。[20]

阿尔赞墓葬出土的金器，片状的饰品几乎都是锤揲成形，往往冲孔以便缝缀。而很多动物形牌饰（图 20a），有些背后有钮以便缀结（图 20b），则都是铸造成形的，可能是以失蜡法铸造。

因此，阿尔赞的金器，虽然被认为是斯基泰文化扩张的产物，但无论是风格还是技术上都发生了一些变化，突出表现在半圆雕型动物牌饰，且以铸造方式成形。前文已及，铜石并用时代维尔纳金珠即以失蜡法铸造，铸造金器不绝于缕，但因黄金十分贵重，而其具有优异的延展性，锤揲加工始终占据主流，因为金叶和金箔可以高效张大黄金的表现，即使是表现动物也以金叶铆接、焊接或缝合制作。但对于富有黄金者，铸造厚重的金饰品成为另一种选择，阿尔赞即是如此。

5. 阿富汗

阿富汗位于兴都库什山地和西亚高原、地处西亚与中亚、东亚、南亚相接的十字孔道，矿产资源丰富，是青金石的出产地。公元前 6 世纪，居鲁士大帝远征将其并入波斯。公元前四世纪亚历山大东征将之纳入亚历山大帝国，不久帝国分裂，阿富汗转属塞琉古王朝。公元

---

[20] Konstantin Chugunov, et al., *Scythian Gold: The Golden Grave from Arzhan*, Minerva, pp. 39-42. Barbara Armbruster, Caspar Meyer, "Gold Artifacts from the Early Scythian Princely Tomb Arzhan 2, Tuva-Aesthetics, Function, and Technology," *Arts* 13(46), 2024, arts13020046.

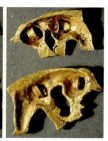

图 20a 阿尔赞二号丘金牌饰
（引自 Konstantin Chugunov, 2024 fig. 17）

图 20b 阿尔赞二号丘铸造金牌饰（引自 Konstantin Chugunov, 2024, fig. 10）

图 21 蒂拉丘一号墓
（引自 Afghanistan, p. 210）

图 22 蒂拉丘一号墓金项链
（引自 Afghanistan, p. 236）

图 23 蒂拉丘一号墓金饰
（引自 Afghanistan, p. 236）

图 24 蒂拉丘一号墓涡形饰
（引自 Afghanistan, p. 238）

前 250 年属希腊化的巴克特里亚王国，中国史籍称其为大夏和吐火罗。公元前 2 世纪，大月氏西迁阿姆河并征服大夏，百多年后，贵霜兴起，横跨西亚抵东亚、南亚和北亚的贵霜王国中，喀布尔曾为其早期都城。

　　阿富汗北部比尔干的蒂拉丘（Tillya Tepe, Shebergan），素有"金山"之称，1968 年在那里发掘了五座女性墓和一座男性墓，年代在公元前一世纪。发掘者初认为墓主是月之或贵霜的贵族，但更可能为当地首领，与中亚萨卡文化关联密切。[21] 他们接受了泛希腊化文化和斯基泰艺术，随葬了大量金器，尤以男性墓为甚，某些金器还装饰了绿松石和青金石。[22]

　　一号墓位于蒂拉丘西侧，规模不大，墓穴 2.5×1.3×2 米，是五座墓中等级较低者。墓主是一位座女性，年龄在 25～35 岁，随葬品基本为金饰，包括首饰与衣饰（图 21）。前者包括多种花形头饰、绞丝联管项链（图 22）、船形掐丝炸珠耳饰（图 23），还有嵌绿松石花形胸饰针，嵌绿松石和石榴石的圆箍饰，以及浮雕人和海豚纹牌饰，某些类型往往有很多件。相对而言，该墓的特别之处是衣服上满缀了各类金饰品，包括七件嵌绿松石花形饰，十六件嵌绿松石方形饰，四件嵌绿松石面具形饰，五十二片嵌绿松石兽面形饰，五十一件嵌绿松石三叶形饰，十六件嵌绿松石、青金石和硫化矿物的蝴蝶结形饰，七件蝴蝶结形饰，二十片六瓣花形饰、三十三颗三角形金珠饰（图 23），九十五片涡形金饰（图 24），三个带圆片的花饰，

[21] St John Simpson, Svetlana Pankova eds, *The BP Exhibition: Scythians Warriors of Ancient Siberia*, London: British Museum and Hudson, 2017, p. 66.

[22] Fredrik Hiebert, Pierre Cambon, ed., *Afghanistan, Hidden Treasures from the National Museum, Kabul*, Washington DC.: National Geographic, 2008, pp. 211-218. 谈晟广主编：《器服物佩好无疆：东西文明交汇的阿富汗国家宝藏》（增订典藏版），上海书画出版社，2022 年，第 45～58 页。

以及两片带环圆片饰。

阿富汗的黄金制品历史悠久,可以上溯到公元前两千多年之前,而且是在两河流域和中亚金器风格和工艺影响下发展起来的。两千多年来,阿富汗文化是中亚古代文明的组成部分,受到中亚以至两河流域的强烈影响,与中亚、近东和北非有复杂而频繁的沟通,接受并形成拜金文化非常自然。但明显的事实是,甚至到张骞凿通西域之后,阿富汗受到中原的影响依然非常有限。

四、早期中原黄金:功能与工艺传统

地处欧亚大陆东端的中原,尚未在新石器时代遗址中发现金制品,在青铜时代开始阶段的二里头文化中也还未见痕迹。直至商周时期,金制品都十分有限,表现出与其他文明的明显不同,没有出现对黄金的崇拜。

1. 商代金器

迄今所知,中原最早的金制品是郑州商城北城墙东端探沟的一座狗坑内发现的金叶C8T27M24:1,出土时卷成团,展开后被认为是薄金叶裁成的夔纹,重18.5克。[23] 对于这件金叶饰,未见科学分析报告,从图像看,应当是锻打出薄叶、再经剪裁而成。金叶的厚度颇为均匀,以怎样的工具及如何剪裁均不清楚,但所谓的夔纹图案则差强人意,难以辨识。

同属商代早期另一实例是黄陂盘龙城杨家湾墓葬中出土的一件嵌金片和绿松石兽面M17:31,所见为散乱的小绿松石片,或是糟朽的木质上的兽面纹镶嵌,若干饰眉、眼眶和獠牙的金片羼杂其中。发掘报告推断其年代处于早商向晚商的过渡阶段。[24] 孙卓认为器物周边曾发现灰黑色物质,怀疑器物附着在有机物上,打碎入葬。唐际根等以为原物为兽形器,绿松石片和金片为镶嵌装饰,[25] 但未深究绿松石和金片的依托。金片的成形工艺未见深究,眉间饰金片近乎菱形,四边毛糙且剪切痕迹明显,与精细磨光的绿松石片反差很大。其表面平光均匀,未见锻打痕迹,或有铸造而成的可能。[26]

中商阶段的金器依然稀见。平谷刘家河商墓出土两件臂钏、一条发笄、一只耳环和一20×10毫米金箔残片。臂钏由直径三毫米金条环成,两端作扇面形,直径125毫米,分别重

[23] 河南省文物考古研究所:《郑州商城:1953—1985年考古发掘报告》,文物出版社,2001年,第844页,图版243.4。

[24] 武汉大学历史学院、盘龙城遗址博物院:《武汉市盘龙城遗址杨家湾商代墓葬发掘简报》,《考古》2017年第3期,第15~25页。

[25] 孙卓:《盘龙城杨家湾M17出土青铜牌形器和金片绿松石器的复原》,《江汉考古》2018年第5期,第132~138页。唐际根等:《盘龙城杨家湾"金片绿松石兽形器"的原貌重建研究》,《江汉考古》2020年第6期,第57~66页。

[26] 苏荣誉:《传统与变奏:阿富汗与近东和中国中原地区早期金银细工关系寻绎》,谈晟广主编:《器服物佩好无疆:东西文明交汇的阿富汗国家宝藏》(增订典藏版),上海书画出版社,2022年,第277~301页。

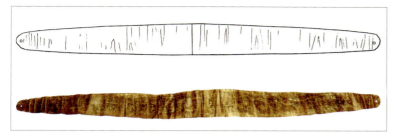

图 25　桃花者金带饰
（引自《晋西青铜器》第 307 页）

图 26　桃花者金片饰
（引自《晋西青铜器》
第 309 页）

图 27　桃花者金珥饰
（引自《晋西青铜器》
第 306 页）

93.7 和 79.8 克。发笄为扁直杆状，三角形截面，尾端有长四毫米的榫形结构，长 277、头宽 29、尾宽 9 毫米，重 108.7 克。耳环一端作扁喇叭形，宽 22 毫米，底部有一沟槽，疑似原有镶嵌；另一端为尖锥形，弯曲成直径 15 毫米的环状钩，重 6.8 克。[27] 这四件金器全部铸造成形，表现出与其他文明惯用锻打加工的显著不同。

　　在晋西的商代墓葬或窖藏中，偶有金首饰零星出土。1959 年农民在石楼桃花者耕地发现一批青铜器、玉器、骨器和金器，清理者认为出自一座墓葬，金器出土在墓主骨架上，一条金带在人头骨，旁有八只含绿松石的耳环，腿骨旁另有五个金片。[28] 经韩炳华整理，金带中间宽、两端窄，端头各有一孔，长 580、宽 50 毫米，重 93.9 克（图 25）；金片有九件，均长条形，长 93～23、宽 14～9 毫米，重在 2.6～0.6 克间（图 26）；八件金耳饰中两件的绿松石管不存，金饰的一端为截面不规则金丝，可穿过绿松石管，另一端为皂荚形金叶（图 27）。[29] 该墓出土的青铜卣和盘的年代属于中商阶段，[30] 同出金饰的年代当与之相同。这些金饰品全部锻打成形，形态颇为别致。

　　石楼桃花者这批金器与平谷刘家河金器明显不同，都是锻打而非铸造成形。金带是较厚的金叶，皱褶明显，中间宽两头窄，两头的孔当用于合围，是否属于西方的头带饰（diadem）不无疑问。九片长条形金叶显然较薄，边缘不齐整，中间成对穿孔轮廓参差，当属装饰，或被钉在皮带上。墓主头部一次出土八件金耳饰，也属非常现象；这些耳饰的金丝扭转，截面显非圆形，当系锤出；至于另一端的皂荚形金叶，是否是同样粗细的金丝延展而成，尚不能确定。总之，这批金饰较为特别，仅在陕北和关中的个别商墓中有零星出土，不见于殷墟和其他商代墓葬，暗示它们可能是舶来品；而出土地在北方和西北，或者说明它们的来源方向。

[27] 北京市文物管理处：《北京市平谷县发现商代墓》，《文物》1977 年第 11 期，第 1～8 页。杨伯达主编《中国金银玻璃珐琅器全集》第 1 卷 (金银器一)，河北美术出版社，2004 年，图 1～2。
[28] 谢青山、杨绍舜：《山西吕梁县石楼镇又发现铜器》，《文物》1960 年第 7 期，第 51～52 页。
[29] 韩炳华主编：《晋西商代青铜器》（上），科学出版社，2017 年，第 305～310 页。
[30] 苏荣誉：《论倒置兽面的青铜卣和壶——青铜工艺与铸地和年代研究例》，李峰、施劲松主编：《张长寿 陈公柔先生纪念文集》，中西书局，2022 年，第 302～327 页。苏荣誉：《商前期青铜盘研究》，《故宫学术季刊》第 40 卷第 3 期（2023），第 1～64 页。

商代晚期的金器在殷墟时有发现，但几乎都是金叶和金箔，未见金器，结合早商和中商出土的金器，表明商代的黄金多为饰品，着眼于利用其鲜亮的金黄色，并充分发挥其优异的延展性，将金加工成为很薄的金叶和金箔，有些还压印着纹饰，用以装饰器物，造成强烈的颜色对比，并未表现出"稀世之珍"[31]的宝贵取向。

因此，黄金在商代重要功能是呈色，加工方式则铸、锻皆有，锻金工艺颇为简单，技术渊源难以稽考，铸金很可能受到中原青铜铸造绝对化的影响，而金的来源迄今还茫然无知、毫无头绪。商中期的金首饰锤锻成形，十分稀见，也未见对后世产生影响，说明这些首饰传自外地，具体待考。

2. 西周和两周之际金器

西周早期墓葬中出土金制品依然稀见，个别器物上的金箔装饰和殷墟格局相若。直到西周晚期，在个别墓葬中随葬有金饰品，且富有特色。

晋南翼城大河口霸国墓地，出土一件金柄形器 M1017:65，通长 110、宽 15～22、厚 2 毫米，重 92.1 克，铸造相对粗糙，年代在西周中期偏早，[32]颇为稀见。曲沃晋侯墓地 M8 墓主为晋侯稣，即晋献侯，《史记》载卒于周宣王十六年（公元前 812 年）。墓中随葬金带饰一组十五件，出土于墓主腰间，由一件垂叶形饰、一件虎头形饰、五件弧面扁环、六件扭丝环、一件弧面扁框、一件扭丝框组成，[33]皆铸造成形。晋南西周墓葬出土的金器均铸造成形，与商中期平谷刘家河金器工艺一致；类似的带饰不见于其他文明，具有典型的中原纹饰。西周金器虽凤毛麟角，但与青铜器同样铸造成形，可以认为铸金工艺传统在肇建之中。

三门峡上村岭虢国墓地年代属两周之际，某些器物可能略早。1990 年清理的虢季墓，出土金器十六件，其中十二件是腰带饰，包括一件三角形龙纹饰、三件兽形带扣、七件圆环和一件方环；另有两件小金环和两块金箔片均是盾饰。这组金器中，三角形龙纹饰 M2001:680.6 尺寸最大，通高 83、宽 47、厚 16.5 毫米，余均形小。[34]除金箔为锻打裁剪成形外，其余均以铸造成形。虢季金带饰可以与晋侯稣的相承，颇具中原特色。

芮国原居晋南、后迁河西。2007 年在韩城梁带村发掘的芮国墓地，年代从西周晚期延续

[31] 段渝：《商代黄金制品的南北系统》，《考古与文物》2004 年第 2 期，第 33～42 页。

[32] 山西省考古研究所联合考古队等：《山西翼城大河口西周墓地 1017 号墓发掘》，《考古学报》2018 年第 1 期，第 89～140 页，图版 40.3～4。

[33] 北京大学考古学系、山西省考古研究所：《天马—曲村遗址北赵晋侯墓地第二次发掘》，《文物》1994 年第 1 期，第 4～28 页，图 20；《天马—曲村遗址北赵晋侯墓地第五次发掘》，《文物》1995 年第 7 期，第 4～38 页。山西博物院：《山西博物院珍粹》，山西人民出版社，2005 年，第页 244。马承源：《晋侯稣编钟》，《上海博物馆馆刊》第 7 集，上海书画出版社，1996 年，第页。仇士华、张长寿：《晋侯墓地 M8 的碳十四年代测定和晋侯稣钟》，《考古》1999 年第 5 期，第 90～92 页。

[34] 河南省文物考古研究院、三门峡市文物工作队：《三门峡虢国墓》第一卷，文物出版社1999 年，第 127～130 页，图 106、彩版 12.1～2，图版 46.1～6。

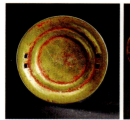

图 28　韩城梁带村金泡
（引自《金玉年华》第 174、175 页）

图 29　梁带村金泡（引自《金玉年华》第 177 页）

到春秋早期。属于西周晚期的大墓 M502 和春秋早期的大墓 M28，墓主都应当是一代芮公，其中均未见金器出土。属于春秋早期的另一座大墓 M27，墓主可能是芮桓公，其中随葬品较为复杂，甚至包括西周早期青铜器。所出土的四十八件金器，均佩挂在墓主身躯，说明都是身体的装饰品。其中的金带由很多部件组成，墓主腰部有龙纹环和透空龙纹环各六件，均是二龙相衔的圆环，透空环表面铸随形纹线，还有两个简朴的方环，腰的左右侧各有一个三角形透空龙纹饰。这十六个环和三角片如何结构尚待研究，但较之于前揭晋公苏和虢季的带饰，显然要复杂和华丽。在墓主胸部出土一组六件牛首衔环扣和三个圆形金泡，两侧各有一对钉孔（图 28）。腹部出土一组四件兽面金饰，均是方形凸鼻、鼓眼、长獠牙、大角造型，但有勾纹与光素之别，七件圆泡，均是宽平缘外鼓泡，外表平光，内壁下凹且表面皴皱，应当是金泡的原铸件未经加工的表面。平缘两对钉孔相对而设，外面有清晰的拔稍痕迹，说明是从里面冲出的（图 29）。墓中出土的其他金饰，包括两件金韘、一把透空龙纹剑鞘、一对兽首拱形金饰、四只金丝手镯和一件透空龙纹肩饰。[35] 手镯的金丝直径均匀，是否拔丝待考。透空龙身上饰有随形纹线，规整而流畅，具有铸造特点；两端都有细密的冲孔，以至上部残缺，说明两侧较薄，是否铸后锻打出上下口，有待调查。其他各器均铸造成形，墓主胸部的圆泡，两侧的一对钉孔，均外小内大，其内缘尚有缩孔，是铸造成形的证明。而冲出钉孔在多件金饰品中都存在。总之，这批金器基本上都铸造成形，形成了中原金器的传统，与晋侯苏、虢季墓出土金器一脉相承。[36]

　　明显的事实是，芮桓公金器数量多、质量大，每件重量都在数十克至百多克，铸造成形颇为耗费，与锻打金叶或金箔可张大其形大相径庭，不能体现出金的珍贵性。

　　需要特别指出的是，梁带村芮桓公墓 M27 随葬很多金饰品是十分个别的现象，与该墓地同等大墓无金饰品具有强烈反差，在商周墓葬中几乎属于绝无仅有。可以认为芮桓公对金器有着极为不同寻常的个人偏爱。这些金器具有典型的中原器物造型和纹样，与其他文明判然

[35] 上海博物馆、陕西省考古研究院编《金玉年华：陕西韩城出土周代芮国文物珍品》，上海书画出版社，2012 年，第 150、152、154 ~ 159、160 ~ 179 页。
[36] 苏荣誉：《传统与变奏：阿富汗与近东和中国中原地区早期金银细工关系寻绎》，谈晟广主编：《器服物佩好无疆：东西文明交汇的阿富汗国家宝藏》（增订典藏版），上海书画出版社，2022 年，第 277 ~ 301 页。

有别，而且几乎都铸造成形，风格与工艺相统一，与中原青铜器如出一辙，说明它们是中原铸造的产品。从墓葬出土西周早期青铜器，可以推想芮国有获得早期器物的契机并收藏它们，也积攒黄金为自己制作装饰品。类似的金器未见出于他地，芮桓公金饰品是在芮国或别处制作，有待新发现去稽考。

3. 春秋金器

中原出土的春秋时代金器，就目前考古材料看，先居陇西后迁陇东的秦国最为著名，并富有特色。陇西是秦人早期勃兴之地，礼县大堡子山秦墓随葬品中，虽然有些器物具有草原文化特点，但为数可观的金叶饰，多数可能是马甲装饰，其纹饰则是中原文化式样，不见于其他文明。秦迁陇东之后，铸造金器较他国为盛，器形和纹饰依然属于中原。

秦德公元年（公元前 677 年）迁都雍后，秦人的活动中心转到陇东，渭河谷地和凤翔塬是其中心区域。就现有的材料看，以金片和金箔装饰器具的形式式微，而金器制作或以金与铜、铁合作制器大为增多。1992 年宝鸡益门二号春秋墓的发掘，揭开了这一别开生面的格局。那是一座一椁一棺竖穴土坑墓，随葬器物两百多件组，主要是兵器、装饰品和马具，材质包括金、铁、铜、玉、石及料器等，头箱主要放置马具，其他均在棺中间位置。金器量最大，达 104 组件，重约 3000 克。与金复合之器包括金柄铁剑三柄、金环首铁刀十三把、金环首铜刀一把、金方首铁刀及金环首料背铁刃刀各两把、四件大金方泡上嵌料珠、背设铁质横梁。这些铁与金、铜与金的复合器，与金柄和环首均是铸接关系，由于金的熔点（1064℃）低于铜的 1083℃、更远低于铁的 1538℃，金柄均后铸成形，至于铸接结构，将有赖 CT 扫描判定。纯金质器物包括带钩三件，分鸳鸯形和盘蛇形两种；鸭首环形带扣七件，内侧设一横梁；三件大方泡，六件金圆环。金络饰是椭圆截面短管，计 130 枚，另有 908 颗圆串珠。[37]

益门二号墓出土的金器数量空前，除络饰和串珠的成形工艺有待深考外，其余均是铸造成形，尤其三件铁剑的金柄，具有春秋晚期典型的青铜器纹饰，无论是风格还是工艺，都显然具有中原特色。

宝鸡益门墓鸳鸯形金带扣与凤翔马家庄建筑群祭祀坑出土的一件（K17:5）完全相同，如出一范；[38] 凤翔上郭店出土的两件金环首铜刀和一件鸳鸯形金带钩与凤翔秦公一号大墓出土的一件均高度一致。[39] 反映了春秋晚期秦人的金器和金饰品有了一定程度的普及，与芮桓公

[37] 宝鸡市考古工作队：《宝鸡市益门村二号春秋墓发掘简报》，《文物》1993 年第 10 期，第 1 ~ 14 页。杨伯达主编《中国金银玻璃珐琅器全集》第 1 卷（金银器一），河北美术出版社，2004 年，图 118、120。张天恩：《秦器三论——益门春秋墓几个问题浅谈》，《文物》1993 年第 10 期，第 20 ~ 27 页。

[38] 陕西省雍城考古队：《凤翔马家庄一号建筑群遗址发掘简报》，《文物》1985 年第 2 期，第 23 页、图 22.1。文章称器为圆策，恐误。

[39] 景宏伟：《陕西凤翔县上郭店村出土的春秋时期文物》，《考古与文物》2005 年第 1 期，第 3 ~ 6 页。谭前学、贺达炘：《神韵与辉煌：陕西历史博物馆国宝鉴赏（金银器卷）》，三秦出版社，2006 年，第 27 页。

图 30 （引自《神韵与辉煌·金银器 卷》第 29 页） 　 图 31 凤翔秦公 M1 金狗饰（引自《中国金 银玻璃珐琅器全集》卷 1 图 123） 　 图 32 凌源三官甸子近鹿饰（引自《中 国金银玻璃珐琅器全集》卷 1 图 14）

基金器的一枝独秀颇不相同。

　　1982 年，凤翔马家庄秦宗庙遗址出土一件兽形金饰，可以窥见春秋秦国金器的概貌。这件金兽不大，长 35、宽 24、高 26 毫米，重 28 克，收藏在陕西历史博物馆。器作卧虎形，身躺在地面，头抬起向后回望，但却有一对弯曲的羊角、四只蹄足、一对翅膀，尾的截面为长方形，曲作 S 形向上竖起，有图录指出其背面有两根长 13 毫米的铆钉（图 30），当属木车辕装饰，[40] 但未明确饰于何处。

　　1986 年，凤翔秦公 M1 出土了一件金狗，长 35 毫米，重 13.5 克。[41] 其造型作奔腾状，头硕大，宽吻，口微张并露出牙齿，两腮平，一对大耳竖起，颈粗而上弓，腹较颈细，与之构成 S 形。四条腿粗而长，大腿后收，小腿前伸，但爪作鹰爪形，长趾回勾。臀后伸出长而粗的尾，尾梢向上回卷，侧面勾随形线。前爪搭在一短柱顶端（图 31），短柱可能是接榫，将此金狗装饰固定在某器上。此器除鼻头、肘和尾的简单勾线外别无纹饰。此器明显铸造成形，因器表未经打磨和装饰，保留着初铸态。

　　同样风格的一只金鹿，于 1976 年出土自辽宁凌源的三馆甸子，形体略大，长 48、高 38 毫米（图 32）。[42] 不仅也是铸造成形，表面也未经抛光处理，虽然肩和臀饰成团的点纹，风格与工艺的一致性，可以认为与上述金狗同源。

　　很明显，秦国从陇西到陇东，金器发生了很大的转变，一方面从作为装饰的锤揲金叶和金箔变为铸造器物或器物的主要组成部分、增加了器物的华美和贵重，另一方面单独制作器物，几乎全部铸造成形，说明中原金工传统依然起支配作用。李学勤提醒这些并非秦人专擅，在中原其他国家，也有或多或少的类似器物。[43] 但就考古材料看，其他国家虽有零星的金器发现，但鲜有能与秦国相匹者。有论者指出，数十年来，在雍城春秋和战国秦墓中发现的黄金制品

[40] 谭前学、贺达炘主编：《神韵与辉煌：金银器卷》（陕西历史博物馆国宝鉴赏），三秦出版社，2006 年，第 22 ~ 23 页。

[41] 杨伯达主编：《中国金银玻璃珐琅器全集》（第一卷），河北美术出版社，2004 年，图123。

[42] 杨伯达主编：《中国金银玻璃珐琅器全集》（第一卷），河北美术出版社，2004 年，图 14。

[43] 李学勤：《益门村金、玉器纹饰研究》，《文物》1993 年第 10 期，第 15 ~ 19 页。

逾百件，除少量金箔锤揲成形外，其余均铸造成形，明显受到青铜工艺的影响。据宝鸡和凤翔所出土的金器的规范程度和统一的造型风格推断，这些金器应该是秦国官府作坊统一制造的。[44]

对比梁带村芮国墓地和秦国金器，虽然它们的风格和工艺传统一致：中原造型与纹饰、铸造成形，但芮国全部聚集在芮桓公墓，而秦国的分布空间更大，而且有从金叶向金器的转变，这些都反映着金器制作在中原的发展，从春秋早期芮国的点状、暂时和个人性，在秦发展出面形、持续和一定程度的普遍性，秦形成了自己的金加工作坊当有可能，虽然其金的来源还毫无头绪。

秦金器出自墓葬的还不够多，但宝鸡益门秦墓出土的金器，显著的是铁、铜兵器和工具的金柄，装饰性依然突出；其次是饰品，依然延续着商和西周时代取其鲜艳的理路；个别出自祭祀遗址，尚不知道如何使用，或许可以表现出黄金的尊贵，但并未形成对黄金的崇拜。

4. 战国金器

中原战国早期金制品的集中代表出自随州擂鼓墩曾侯乙墓。据青铜镈铭推算，该墓年代不晚于公元前430年。墓中出土器种类较多，容器及其附件包括带盖金盏、带盖杯、漏勺各一件和两件器盖；饰品包括四件带钩、一件金缕玉璜、426段弹簧形饰和940片金箔，总重量超过8400克。曾侯乙青铜编钟的铭文、编磬架、鹿角立鹤和三件青铜兵器均经错金。

曾侯乙墓金器中最具代表性的金容器，包括金盏E2重2156克，盆形，隆盖中央有圆环握手，盖面饰涡纹、蟠螭纹、绚索纹和勾连云纹。腹对置圆环耳，饰一周蟠螭纹带，底微圜，三凤鸟足撑持。金盏出土时盏内搁置一把金漏勺，重56.5克，方柄圆身，身呈龙形透空。另有两件金器盖，中央环钮衔圆环，盖面饰变形龙纹和龙凤纹、重环纹、云纹和斜角云纹，以点纹为地。带盖金杯E34重789.9克，敞口，束腰，平底，上腹对置环耳，通体素面。[45]这些容器和带钩均铸造成形，充分体现出商周青铜器铸造生产的独占性对金器制作的强烈影响。

曾国居楚地之中，楚国金爰和金饼屡有发现，学界以为这些是货币，战国之楚有相当的金币流通。河南扶沟故城村出土金版195块，按钤印分郢爰170块、陈爰十七块、鄟爰一块、斺版两块、□版一块、白板两块；金饼197，形式有四种，总重8183.3克。[46]安徽寿县门西小渠北坡发现十九块金币，重5187.3克，面钤"卢金"或"郢爰"，若干块为白板，多有凿痕。卢金含金量94%～95%，郢爰为97%～98%。另有金叶、金粒、金管和金丝同出，被认为是楚国都寿春时（前241～前223）所铸造。[47]

[44] 谭前学、贺达炘主编：《神韵与辉煌：金银器卷》（陕西历史博物馆国宝鉴赏），三秦出版社，2006年，第22～23页。

[45] 湖北省博物馆：《曾侯乙墓》，北京：文物出版社，1988年，第390～393、399～400页，图242、243.1～2、244、243.3，彩版17、18.1～3，图版147.1～4、150.1～2。

[46] 河南省博物馆、扶沟县文化馆：《河南扶沟故城村出土的楚金银币》，《文物》1980年第10期，第61～66页。

[47] 涂书田：《安徽省寿县出土一大批楚金币》，《文物》1980年第10期，第67～71页。

图 33　盱眙南窑庄郢爰（引自《南京博物院艺术陈列馆.古代珍宝》页4）

　　1982 年苏北盱眙南窑庄窖藏出土的陈璋壶，内贮郢爰和金饼，口覆金兽，含金量均在 99% 以上。郢爰十一块，共重 3243.4 克（图 33），年代可至战国，[48] 这些金制品全铸造成形。货币学家称这些战国金币都是称量货币，铸造成形后或者钤印，自战国中期开始流行。[49] 但也有人认为它们并非流通货币，大量窖藏在于贮藏财富。[50] 的确，它们与近东、欧亚的模锻定形金币截然不同。

　　和楚地相对，北方的中山国和燕国都发现了一定数量的金器。平山三汲中山王𰻺墓和灵寿故城出土的金银器，表现出战国中期蕞尔小国中山国多种多样的金工技艺和制品，错金银和鎏金尤为突出；易县燕下都辛庄头属战国晚期的三十号墓，出土的金器国家多样，相对而言，纹样具有更多的草原文化因素。[51]

　　而在秦国，宝鸡魏家崖战国遗址出土的金器，较之凤翔金狗和凌源金鹿，工艺明显精致。1972 年出土的一件金虎作顾首站立状（图 34），大头阔口，露出牙齿，两对虎牙颇长。头顶的一对近于尖锹形的大耳，以宽线勾出耳蜗，圆眼大睁，鼻梁上段和额头饰阴线飞雁纹。虎颈部短粗，背平而光素，臀后伸粗尾，尾梢向上回卷。前后腿皆曲，爪为鹰爪式，肩和后胯

[48] 姚迁：《江苏盱眙南窑庄楚汉文物窖藏》，《文物》1982 年第 11 期，第 5 ~ 12 页。

[49] 吴良宝：《中国东周时期金属货币研究》，社会科学文献出版社，2005 年，第 282 ~ 292 页。

[50] 陆勤毅、姚芳：《楚爰金非流通货币》，楚文化研究会编《楚文化研究论集》第四集，河南人民出版社，1994 年，第 530 ~ 536 页。

[51] 苏荣誉：《小国大器：战国中山国金属技艺疏要》，成都金沙遗址博物馆等编：《发现中山国》，巴蜀书社，2019 年，第 185 ~ 197 页。河北省文物研究所：《燕下都》，北京：文物出版社，1996 年，第 715 ~ 723 页，彩版 25.1 ~ 33.4。

图 34　宝鸡魏家崖金虎
（引自《中国金银玻璃珐琅器全集》卷 1 图 129）

图 35　宝鸡魏家崖金铺首
（引自《中国金银玻璃珐琅器全集》卷 1 图 129）

以阴勾线与腿相连，腹侧和尾侧也饰阴飞雁纹，长 45、厚 5 毫米，重 30 克（图 34）。[52] 这件金虎表面抛光，基体颇为致密；但阴勾线底面则粗糙，是未经抛光的原始面。

魏家崖遗址出土的一件金铺手，形小质轻，长 28、厚 15 毫米，重 10 克，但做工颇精细，牌形铺首面下半饰一兽面，上半为一对夔龙，兽和夔眼均圆睁，兽面宽大的鼻向下卷成环衔住一只清白玉环（图 35）。[53] 铺手面的纹饰系阳线，其表面抛光，而底面则粗糙，为铸出的初态。

战国时期金器的出土空间更大，质量不菲，动辄数千克，用金量很多，除用作装饰品外，大量黄金用以铸爰，以其贵重分割参与交换应无疑问。从曾侯乙墓出土的金容器看，均铸造成形，耗费了大量黄金，铸造的器物较为平常，但以金箔装饰漆木器达到金器的颜色效果，似乎表现出金器的贵重，但未形成黄金崇拜。

战国楚国所使用的黄金远甚于其他各国甚至超过秦国，可能与楚地多出产黄金有关，具有自产自销的性质。与其他各国相比，当时并未出现追逐和崇拜黄金的文化。

5. 鄂尔多斯高原

欧亚草原自古就是沟通欧亚大陆东西的孔道，但游牧民族逐水草而居，迁徙不定，墓地和居所材料往往单薄，但内涵多样，难以断代、断源，尤其是大量材料属非科学发掘品。然而，其流动性正可以为物质文化、艺术和工艺技术的交流提供不可多得的资料，重要性不言而喻，况且有些还属于孤品。

1972 年，在鄂尔多斯高原杭锦旗阿鲁柴登发现了两百多件金属文物，多具有动物装饰和纹饰，据说可能出自一座墓葬，年代相当于战国时期。其中最特别的是一套金冠饰，被称为匈奴王金冠，由冠盖和冠带两部分构成（图 36a）。中间的穿盖一周饰浮雕的狼噬咬盘角羊图案，中央站立一支昂首欲飞的雄鹰，鹰作欲展翅状，长羽向后，背、胸和足跟覆菱形羽片，粗壮

---

[52] 杨伯达主编：《中国金银玻璃珐琅器全集》（第一卷），河北美术出版社，2004 年，图 130。

[53] 杨伯达主编：《中国金银玻璃珐琅器全集》（第一卷），河北美术出版社，2004 年，图 129。

图 36a 阿鲁柴登金冠饰（引自《中国内蒙古北方青铜器文化遗物的调查》页 133）　图 36b 阿鲁柴登金冠饰（引自《中国内蒙古北方青铜器文化遗物的调查》页 132）　图 36c 阿鲁柴登金冠饰（《鄂尔多斯青铜器》页 61）　图 36d 阿鲁柴登金冠饰（《鄂尔多斯青铜器》页 61）

的颈部为绿松石质，插入鹰腹，而鹰首和勾喙为另一块绿松石，以金丝固定在颈部。冠盖通高 71 毫米，重 192 克（图 36b），内壁平光（图 36c）。冠带由三条半圆弧形金带构成，主体为辫纹，连接的端头则为浮雕的虎、马、羊纹，以别扣结合（图 36d）。冠带直径 165 毫米，重 1202 克。[54]

这件金冠造型之别致独一无二，风格的源流关系有待梳理，其上装饰的动物纹样，和欧亚草原的做法相同，而以绿松石作鸟头及鸟喙，与阿富汗的金与绿松石结合的装饰异曲同工，其中当有关联。从工艺上看，冠饰的两部分都是铸造成形，虽然不能确认受到中原金工的影响，但与中亚阿尔赞的许多金饰一致，二者应具有关联性，但怎样关联还需要对更多材料的深入研究。

张天恩总结中国早期金器，认为存在北方和中原两个不同的区域。北方一直用黄金作人体装饰品，中原商代的金箔贴于其他物件，重视饰物，与各自的生活习惯有关。中原两周以后也用于饰人，但风格不同，自有其路。故而在春秋战国发展出与北方不同的格局，出现了黄金器皿，与北方分野更为明显。[55] 黄翠梅和李建纬曾经指出，"在中原地区，金料多被作为增添器表光泽的颜料，一方面可以丰富色彩对比、增加审美情趣；另一方面，也可使器表不易生锈，保持光亮。但随着时代的推演，黄金逐渐在中国古代物质文明的舞台上与玉和青铜互较长短。"[56] 对于黄金的颜料性，所见相同，但其防止生锈的功能，并无明确证据。而与青铜和玉器互较长短，早期很罕见，中古也难寻，宋以后情形还得仔细辨析。李学勤曾经指出："秦以前的黄金器物发现甚少，这可能是由于金器价格昂贵，即使贵族也很少用以随葬，

---

[54] 鄂尔多斯博物馆编：《鄂尔多斯青铜器》，文物出版社，2006 年，第 20、132 ~ 133 页。
杨伯达主编：《中国金银玻璃珐琅器全集》（第一卷），河北美术出版社，2004 年，图 25。
小田木治太郎编：《中国内蒙古北方青铜器文化遗物的调查》，天理大学考古学·民俗学研究室，2017 年，第 18、59 ~ 62 页。
[55] 张天恩：《秦器三论——益门春秋墓几个问题浅谈》，《文物》1993 年第 10 期，第 20 ~ 27 页。
[56] 黄翠梅、李建纬：《金玉同盟——东周金器和玉器之装饰风格与角色演变》，《中原文物》2007 年第 1 期，第 42 ~ 58 页。

以及殉葬品最豪华的大墓还没有发掘多少的缘故。"[57] 早期黄金的昂贵性如何，不见于文献记载，但铸造金器十分靡费黄金，不似欧亚锻打金叶金箔以张大视觉，并未表现出其昂贵。

中原金器，即使是早商的金叶，原料和制作地茫然无知，但此后似乎形成了中原与西、北边的分野。中原以铸造成形为主，西周时代已经制作独具特色的带饰，春秋时代有更多的装饰，也出现了金容器。西北边地发现的金器几乎都是装饰品，造型和纹样也以动物为主，工艺上铸造与锤揲并行，且以后者为重，往往还镶嵌玉石，表现出与中亚的关联。鄂尔多斯高原的地理位置，正位于中原西北，正是与西亚的初接触地带，金器风格上表现出对中亚的接受，工艺上则是中亚与中原的混合。但迄今的材料，却没有突出地表现出对黄金的追逐和崇拜。

五、结语

就现有资料而言，巴尔干地区早在公元前第五千纪的铜石并用时代，金器制作已颇发达，主要产品是人体和特别权威器物的装饰，明显形成了黄金崇拜的文化。某些特殊阶层的人物，会以数百金器随葬。这一阶段的金器加工，几乎沿袭了自然铜的工艺，以锻打为主，辅以裁剪、冲孔、铆接和焊接制作装饰品，只有个别金器铸造成形，并以失蜡法铸造，成为失蜡法的嚆矢。鉴于铸造的金珠相当精美，失蜡法已经有一段时间的发展过程，其缘起当应更早。为了达致黄金效果，还采用鎏金工艺加工铜管珠，从另一方面反映了金的珍贵和对黄金的追逐。失蜡法和鎏金工艺可能因金器制作而发明，并深刻影响到此后金属加工和金属装饰工艺。

近东文明的诞生和扩张，将四方资源荟萃于美索不达米亚，黄金也不例外，并在那里与多种珍贵材料，如银、青金石、红玉髓等相配合制作或装饰器物，造就了两河流域文明。黄金作为珍贵材料，珍爱、追逐和崇拜成为这一文明的组成部分。这样的黄金观念和以锤揲为主的加工工艺，很快被古埃及、包括阿富汗的中亚以及后继的古希腊所继承并发扬光大，也成为斯基泰文化尤为突出的特点。随着斯基泰人的流动以及其文化的传播，西伯利亚不仅富产黄金，也接受了斯基泰人的黄金观念和工艺。或许是富有黄金，铸造装饰品在那里与锤揲工艺几乎平分秋色，从史前和青铜时代即已形成的动物形装饰品和动物图案，在黄金制品中大放异彩。。

地处欧亚大陆东部的中原地区，是中华文明的发祥地和三代生存空间，使用黄金明显晚于近东和中亚，与青铜的出现具有相同的态势，但近东和中亚早在铜石并用时代即已出现的酷爱黄金、崇拜黄金的价值观念，在早期中原始终不曾存在。中原青铜时代代表性的物质是青铜，艺术和技术均独特而自成体系。黄金的出现，除少量为人体装饰外，更多是作为颜色鲜亮的装饰物，和颜料类功能等同，罕有物质高贵的概念和认同，很多用于青铜器的装饰。中原早期的金属工业核心是铸造青铜器，金是附饰和点缀性装饰，因此，虽然楚地有短暂的

---

[57] 李学勤：《东周与秦代文明》（增订本），文物出版社，1991 年，第 272 页。李学勤：《益门村金、玉器纹饰研究》，《文物》1993 年第 10 期，第 15～19 页。

黄金货币，但后来青铜可以成为货币而金则不可。近东和中亚金的加工首先是锻打，延续了早期自然铜的加工工艺，将金打成很薄的金箔，或者拉拔成很细的金丝，并以它们为基础加工成金器。在中原，前揭的装饰多用金箔，但成器则多铸造，形成了与近东和中亚不同的工艺传统，也塑造出不同的金器面貌。

值得注意的现象是，早在商代中期，王朝的北边情形与中原腹地有所不同，出现了以捶揲为主的装饰人的饰品，特别而突兀，很可能自西北传来，但产地还无从知晓。地处西北的鄂尔多斯高原，其金器易于受到西亚和西伯利亚斯基泰的影响，也铸造黄金饰品，也镶嵌玉石，动物造型和装饰的金器尤为突出，或者还影响到春秋战国的秦地、燕地及战国时代的中山国，它们都处在中原的西边和北边，相对而言，处在南边的楚地，金器和青铜器具有相同的格局。这样的态势反映了中原金器和金工技术受到西方影响的层面，但没能改变中原的传统，没能形成黄金崇拜。

作者附识：深圳博物馆组织展览"丝路留金：亚洲文明古国冶金艺术"，策展人刘芷辰邀我作一个演讲，恰有新年在土耳其和埃及各参观一个月的计划，留心并准备讲些新内容，觉得金冠饰是一个不错的题材，可以表现出东西方早期金观念、艺术与技术的差别和联系，便准备了演讲《黄金视角：东西早期金冠观念与技艺的隔断与丝连》（深圳博物馆：2024.3.17）。演讲结束后，芷辰希望我将它写成文章，收入图录，颇感荣幸。但当问到要在四月初交稿时，便含糊了，因为三月的后半月我已安排好了结伴考察博物馆和考古遗址。芷辰策划这个展览花费了很大力气，可圈可点之处很多，充分体现出了深圳博物馆的高水平和创新精神，不应让她失望。我没能力做急就章，只好将演讲开头部分写就，不揣浅陋献拙，也前后一月有余，金冠部分候诸来日，敬希见谅。在此要特别感谢芷辰的耐心与宽容，也高度赞赏她的认真。

荣誉 2024.4.26 草于京北铸庐

两广出土汉晋时期域外金银器与海上丝绸之路 *

广州市文物考古研究院 / 全洪 *

　　"六国毕，四海一"。秦始皇"续六世之余烈，振长策而御宇内……南取百越之地"，控制更长的海岸线是秦始皇进兵岭南的目标之一。公元前 221 年秦在岭南置桂林、象、南海三郡之后，从渤海湾到北部湾尽是秦国的疆域。根据考古材料和文献记载判断，秦汉时期海上丝绸之路已经形成。几代南越王致力于开通海外交通贸易，南越王墓出土一批明显海外输入的器物，南越王宫还出现模仿印度的八角形石柱。汉武帝于元鼎六年（公元前 111 年）统一岭南后，在南越王开辟南海交通的基础上，遣使南亚，进一步拓展海上对外交通的航线。《汉书·地理志》记载了汉代中国与东南亚、印度的海上通道的航线。西汉中期之后来自印度风格串珠流传开来，尤其东汉时期数量大增。装饰品是域外输入金银制品的主要种类。

　　两广考古出土金银制品最早的是广东肇庆市北岭松山木椁墓出土金柄玉环 2 件 [1]。玉环是铜削刀的环首，玉环上镶嵌的长方形金柄，柄端有銎连接铜削。1983 年中国广东广州象岗发掘的南越王墓出土的金银器在两广地区数量最多、品质最高，可以确认为海外输入的金银器也集中在该墓，有金银器皿，服饰品和配饰等，对研究西汉初年岭南地区金银器的来源、制作及使用提供了重要资料 [2]。南越国以后的两汉金银器在广东、广西多有发现，集中在广东广州、广西合浦、贵港等地。三国晋南朝时期金银器呈减少趋势，但分布的地域较多。为叙述方便，本文按器物用途归类，不分年代，主要介绍蕴涵域外文化因素的器物。两广汉晋金银器数量不多，可分为日常生活器具的银盒、银碗等；第二类是佩戴饰物，如手镯、指环、耳饰等；第三类是首饰或器皿组件及附属饰件。

---

* 国家社科基金中国历史研究院重大历史问题研究专项"秦汉统一多民族国家形成过程的考古学研究"项目资助（项目批准号：LSYZD21018）

* 全洪，广州市文物考古研究院二级研究员。从事田野考古发掘与博物馆工作，主要研究方向为南越国考古和秦汉考古、海上对外交通贸易研究。参加南越国宫署遗址、南汉二陵、南海神庙考古遗址与古码头等重要考古发掘，参与全国博物馆十大陈列展览精品"西汉南越王墓出土文物陈列"展陈工作。参与和主编《西汉南越王墓》《西汉南越王玉器》《海上丝绸之路 - 广州文化遗产·考古发现卷》，发表论文和发掘简报 80 余篇。曾任南越王宫博物馆馆长、广州市文物博物馆学会会长。

[1] 广东省博物馆、肇庆市文化局发掘小组：《广东肇庆市北岭松山古墓发掘简报》，《考古》1974 年第 1 期。
[2] 广州市文物管理委员会、中国社会科学院考古研究所、广东省博物馆：《西汉南越王墓》，文物出版社，1991 年。

图 1　南越王墓银盒

本文选择主要的、比较集中的能反映对外交通贸易的材料，并非全面的搜集。有不少资料尚未发表发掘简报或报告，散见于各种图录之中。在介绍出土金银器时，器形相同或相似的器物，如无特别原因则笼统在介绍重要器物出土时带过，如指环、珠子、泡钉等等。有一些作为附属饰片的金银，由于造型简单，无纹样，较难判断其与海外文化因素的关系，故亦不多作介绍。

一、容器

日常生活服务器的容器数量少，有银盒、银碗、贴金银杯等。

1. 南越王墓银盒（D2）

盖身相合呈扁球形（图1）。盖的外周为对向交锤撰凸瓣纹，器腹部自口沿以下亦有同样的凸纹。盖与身相合处的上下边缘各饰一匝穗状纹带，表面有极薄鎏金，为我国发现的汉代及其以前的鎏金器所未见。发掘报告指出：此银盒从造型到纹饰都与汉代器皿风格迥异，但在西亚波斯帝国时期的金、银器中却不难找到与之相类似的标本[3]，认为是由波斯输入的舶来品。孙机认为广州的银盒很可能是从安息输入的，并进一步推断从海路运输完全有可能[4]。林梅村认为这种称为 Phiala 的银盒可能是罗马人使用的容器，类似的器物屡见于巴尔干半岛古代遗址[5]。齐东方指出这种装饰风格与波斯以及地中海沿岸古代国家的金银器工艺和纹样极为接近，当是通过海上丝绸之路传入中国的波斯或罗马地区的银器[6]。赵德云认为凸瓣纹

[3]　广州市文物管理委员会等：《西汉南越王墓》上册，文物出版社，1991年，第209~210、312页。以下凡是引自该书的资料，恕不一一列出页码。

[4]　孙机《凸瓣纹银器与水波纹银器》，载《中国圣火——中国古文物与东西文化交流中的若干问题》，辽宁教育出版社，1996年。

[5]　林梅村：《中国与罗马的海上交通》，载《汉唐西域与中国文明》，文物出版社，1998年。

[6]　齐东方：《唐代以前外国输入的金银器》，载《唐代金银研究》，中国社会科学出版社，1999年。

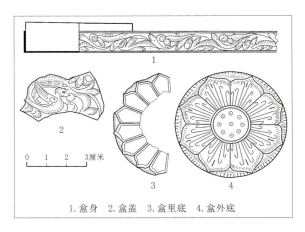

图 2　遂溪银盒线图　　　　　　　　　　　　　　　　　　　图 3　遂溪十二瓣银碗

1. 盒身　2. 盒盖　3. 盒里底　4. 盒外底

装饰意匠通过草原游牧民族传入，各条路线都有传入的可能，认为这些中国出土的凸瓣纹器物，亦存在外来工匠在中国制造的可能性[7]。李零的结语是：这种器物的主体纹饰是外来风格。这种风格的传入不管多么曲折，我们还是可以把它当作东西方交流的重要见证[8]。

南越王墓出土的银盒本体所含的金和铜都是微量的，但盖上后来焊接上去的纽，金和铜的含量比本体的要大两三倍，表明两种银的质地差异很大。银盒可能是海外的舶来品，而后来焊接的盖钮和器座则应是流入南越国后附加上去的。

2. 遂溪银盒

遂溪金银器窖藏是继南越王墓之后两广地区又一批集中出土数量众多的埋藏。广东省遂溪县附城区边湾村发现一个带盖陶罐，里面装有一批金银器[9]。共收回完整及破碎银器七斤一两，银碗 1 件、银盒 1 件、鎏金盅 2 个（实为贴金工艺，详下）、银镯 73 件、银首饰 2 件，波斯银币 20 个，以及金环 2 件、金戒指 6 件。

银盒 1 件。直身，盒盖口沿略向外张，通身刻花。盒盖中间为孔雀图案，周围及盖沿为连环叶纹图案；底盒为双层叠套，里底为十六瓣复线莲花纹；外底为八瓣莲花纹，盒身为连环卷叶纹（图2）。《简报》说盒盖中间是孔雀图案，据绘图及实物观察更像鸳鸯或浮游水面的鸟类，底部内外的莲花瓣，颇具印度风格。这件银盒是兼具多种艺术风格的制品。

3. 十二瓣银碗

银碗 1 件。为十二瓣花口碗。口沿呈花瓣状，唇厚微外张，斜圈足，碗底上突。通高 8 、口径最大部位 18 、圈足径 7 厘米（图3）。口沿外周刻有粟特文及一小花饰（图4）。

经日本学者吉田丰（Yoshida Yutaka）解读出上面的粟特语铭文，铭文如下：[]+++spc'

[7] 赵德云：《凸瓣纹银、铜盒三题》，《文物》2007 年第 7 期。

[8] 李零：《论西辛战国墓裂瓣纹银豆——兼谈我国出土的类似器物》，《文物》2014 年第 9 期。

[9] 遂溪县博物馆：《广东遂溪县发现南朝窖藏金银器》，《考古》1986 年第 3 期；图片见广东省博物馆、湛江市文化广播电视新闻出版局编：《天南重地——雷州历史文化》，岭南美术出版社，2012 年。

图 4　遂溪十二瓣银碗铭文特写

c'nn'pc 42 styrk "属于 Chāch 国（即塔什干）。42 斯塔特（约 672 克）"[10] 或译为 "[此碗属于] 石国的……，sp（人名词尾）。[重]42 个币。" Chāch 即石国，又译为赭石国、赭时国，石国就是这个原物主所在的城市塔什干。

　　遂溪十二瓣银碗的器形与传出自洛阳碗心錾刻坐狮纹多瓣碗以及蒙查克—特佩（Munchak-Tepe）和奇勒克（Chilek）两个银器窖藏多前银碗相似。马尔沙克认为奇勒克和蒙查克—特佩所出的多瓣碗与帕提亚、阿契美尼德甚至亚述器物都很相似，并非萨珊艺术风格。在多瓣碗的外沿刻有年代较晚的粟特铭文，这在当时的银器中很普遍[11]。

　　4. 贴金银盏（杯）

　　2 件。里外鎏金。尖形底，敛口。器物通身凿刻花纹，从口沿至底可分五组环绕花带，波浪连环卷叶纹，七个长形六边形图案组合，分别为朱雀、人首鸟身、鸟、鱼、花叶等，底部花纹为两层莲花瓣，外层十六瓣大莲花，里层十瓣小莲花。器物通高 8、口径 8、腹径 8.8 厘米，重 150 克（图 5）。

　　这两件尖底杯，又称为盏、钵，以往多名为鎏金，实是银胎贴金。其造型与《丝路留金》展品 112 的新埃兰文尖底银杯十分相似[12]。这种圆尖底的器形在金属器中虽不多见，却是玻

[10] Y.Yoshida, "Additional Notes on Sims-William's article on the Sogdian Merehans in China and India", *Cina e Iran: da Alessandro Magno alla Dinastia Tang*, ed. by A.Cadonna e L. Lanciotti, Firenze: Leo S. Olschki Editore, 1996, PP. 69-78. [日] 吉田丰，杨天丽译：《寻找粟特人的踪迹——"丝绸之路上的腓尼基人"》，广州市文化广电旅游局、广州市文物博物馆学会编：《广州文博》拾叁辑，文物出版社，2020 年。

[11] [俄] 鲍里斯·艾里克·马尔沙克著，李梅田、付承章、吴忱译：《粟特银器》，上海古籍出版社，2019 年，第 23、第 48 页，附图 2、4、16，第 93、96 页。

[12] 深圳博物馆、平山郁夫丝绸之路美术馆联合主办"丝路留金——亚洲文明古国冶金艺术"展览。

图 5　遂溪南朝贴金银杯　　　　　　　　　　　图 6　广州西汉中期墓金戒指

璃器皿常见。广东肇庆东晋 "苍梧广信侯" 墓出土一件玻璃碗，江苏南京仙鹤观六号晋墓出土 2 件玻璃钵，山西大同北魏墓出土的 1 件磨花玻璃碗，都很可能来自西亚[13]。

圜尖底银杯的器形为西方常见，纹饰也具有浓郁西方色彩，但具体的构图在萨珊波斯、印度或拜占庭器中找不到相近的图形。在纹饰主题的中栏上下安排多层的构图方式，诸如六方连续纹、蔓枝卷草（莨苕、忍冬草）、人首鸟身等，底部重瓣千叶莲为西亚到地中海常见的装饰风格，都是传承千年的古老纹样。艺术色彩表现上是糅合了波斯文化、印度文化、粟特文化等众多文化的综合体。值得注意的是遂溪银杯上的纹样如人首鸟纹、立鸟纹（凤纹）和六方连续纹都可在辽宁三燕文化的马具装饰上见到相似的图案。如辽宁朝阳十二台子乡出土三燕鞍桥铜包片、北票喇嘛洞铜鎏金镂孔鞍桥包片等，六方连续纹在日本古坟时期、朝鲜半岛新罗、百济时代的文物中亦可见[14]。他们之间的关系有待探讨。

我们认为这种酒杯可能就是古人所称的金叵罗。蔡鸿生曾释 "金破罗"，唐诗文中的 "破" "叵" "颇" 为一音之转，所称器物应是相同的。据粟特学家研究，引词源出伊朗语padrōd，似指 "碗"[15]。金叵罗与胡乐、胡歌和胡羹并列，显示其金樽美酒的用途。

二、佩戴饰物（首饰）

两广地区汉晋墓葬出土佩戴饰物数量最多的是金银指环（分有戒面与圆环），另有手镯、耳珰等。由于镯子与指环通常文化属性不易判断，除部分具有典型西方造型的以外，汉晋墓葬里的这类首饰不专门介绍。

在番禺（三国后为广州）、合浦、徐闻及广东省韶关、德庆以及广西贵港等地出土为数

[13] 广东省文物考古研究所，肇庆市博物馆：《广东肇庆市坪山东晋墓》，邱立诚主编：《华南考古 1》，文物出版社，2004 年。

[14] 关于辽宁三燕文化的相似图案及相关研究主要来自田立坤著：《采铜集——田立坤考古文稿》，《六方连续纹样考》《三燕文化马具装饰纹样研究》，文物出版社，2016 年。

[15] 蔡鸿生：《〈隋书〉康国传探微》，《文史》第 26 辑，中华书局，1986 年。

不少的金银指环。戒指目前已知年代最早为西汉中期，其后各时期都有。两广出土的戒指以素面的居多，形制大体相同，戒面呈圆形或椭圆形，以戒面为中心两侧环体渐趋变窄。这种贵金属戒指是典型的希腊、罗马风格器物。

1. 金银戒指

广州市恒福路银行疗养院二期工地 M21 西汉中期墓出土的金戒指是目前发掘出土年代最早的，也是国内发现年代最早的古罗马风格金戒指。戒面扁平圆形，素面（图 6）。长径 1.95、短径 1.85 厘米，重 4.9 克[16]。这种类型的戒指，目前出土数量最多。广州市先烈路龙生岗 43 号墓（《广州汉墓》编为 M4013）为东汉早期木椁墓[17]，同出 3 件形制相同的素面金戒指，器身表面金黄色不均匀，有斑驳黑色。合浦望牛岭 M17 为东汉初期带墓道竖穴木椁墓，出土金戒指、银戒指[18]。合浦县第二麻纺厂风门岭 M10 东汉砖室墓出土金戒指 2 件，大小形状基本一样，圆形。直径 2 厘米 一件含金量 95%，另一件含金量 90%[19]。此外合浦县红岭头 3 号墓、合浦县磨囊平田村公所 3B 号墓出土的金戒指等等[20]，都属这种类型。

广州东山区梅花村 65 号省委大院 M1 出土一批银戒指，表面多氧化成灰黑色。同墓出土 11 枚，2 枚出于左棺内，环体扁平，长方形戒面，以戒面为中心，环体向两侧逐渐变窄。9 枚出于右棺，环体扁平，多数戒面压成扁平椭圆形，少数戒面为扁平圆形，突起于环体之上。直径 1.8～2.2 厘米，总重 25 克[21]。

两广出土金银戒指大多数环面平素，仅极少数镶嵌饰物。广西贵港深钉岭西汉晚期金戒指 1 枚（M43:55），戒面中部略凹陷。外径 1.9、内径 1.7 厘米[22]。广西合浦县九只岭东汉前期 1 枚（M6:73），环体扁平，环面凸起，当中凹下成一圆窝，内镶嵌物已失。直径 1.8 厘米[23]。《广州汉墓》东汉晚期墓一件 (5080:141)，环体内平外圆，平素无纹，环面圆形突起，当中凹下成一圆窝，内镶嵌一粒深棕色的琥珀，已碎。直径 2 厘米[24]。

广州六朝时期金银器主要是金指环、金手镯、金珠（坠）等。戒指的造型与汉代相同。

[16] 广州市文物考古研究所编：《铢积寸累——广州考古十年出土文物选萃》，第 71 页，文物出版社，2005 年。

[17] 广州市文物管理委员会：《广州市龙生岗 43 号东汉木椁墓》，《考古学报》1957 年第 1 期。

[18] 广西文物保护与考古研究所、中山大学：《广西合浦望牛岭汉墓——2022 年十大考古参评项目》，文博中国 2023 年 2 月 15 日。

[19] 合浦县博物馆：《广西合浦县丰门岭 10 号汉墓发掘简报》，《考古》1995 年第 3 期。原简报断为东汉早期，《合浦风门岭汉墓》第七章《墓葬的分期研究》对其年代进行辨析，改为东汉后期。

[20] 合浦县申报海上丝绸之路世界文化遗产中心编，叶吉旺、李青会、刘琦主编：《珠光琉影——合浦出土汉代珠饰》"贵金属饰品"，广西美术出版社，2019 年，第 205 页。

[21] 《铢积寸累——广州考古十年出土文物选萃》，第 172 页。

[22] 广西壮族自治区文物工作队、贵港市文物管理所：《广西贵港深钉岭汉墓发掘报告》，广西文物考古研究所编：《广西文物考古报告集：1991-2010》，科学出版社，2012 年。

[23] 广西壮族自治区文物工作队、合浦县博物馆：《广西合浦县九只岭东汉墓》，《考古》2003 年第 10 期。

[24] 广州市文物管理委员会、广州博物馆编著：《广州汉墓》（上册），文物出版社，1981 年。

图 7　罗定南朝墓金手镯　　　　　　　　　图 8　广州动物园东汉墓金耳珰

比较重要的有广州西村马岗一座晋代砖室墓棺内发现银钗 5 枝，鎏金铜钗 2 枝，银耳挖 1 枝，银顶针 1 个，银戒指 10 个，金戒指 4 个，银镯 3 个，金镯 2 个，金小狗 1 个[25]。广东曲江南华寺南朝墓出土银指环 10 件。大部分已残缺，圆形，其中二件外壁饰直线条纹，其余素面。直径 1.7 厘米[26]。广东罗定县鹤咀山南朝墓出土金指环 1 件，纯金制成，錾饰绞线纹，无接缝。直径 1.8 厘米[27]。

两广地区出土的不少环顶戒面宽大且呈素面造型的戒指与中亚巴克特里亚（汉代称大夏）宝藏出土的前 4 世纪至前 2 世纪的金戒指相似，这种戒指样式源自罗马帝国，却不一定都是舶来品。中亚希腊化时期曾留下大量的此类戒指，南亚、东南亚广大地区的铁器时代后期遗存中也广泛可见。岭南地区此类器物含金量较高（99% 以上），且反映出较高的冶炼技术，专家推测这或是本土依照外来形制所自制的器物[28]。李岩指出戒指在当时北方并未流行，陆上丝绸之路和海上丝绸之路来的戒指各自有各自的源头和系统。岭南地区是金银戒指经海上丝绸之路的初来之地[29]。

2. 金银手镯

手镯又有手环、臂环、腕钏等名称。西汉时期，由于受到西域文化的影响，佩戴臂环之风盛行。然而两广出土的手镯数量不多，形制、纹样简单。往往在发掘简报中对手镯类器物描述简单。

广西合浦县九只岭 M5 东汉前期砖木合构墓出土银手镯、银戒指。东汉晚期两座墓葬砖室合葬墓墓主各有一套金银首饰，M6a 为穹窿顶砖室墓，出金戒指、银戒指、银手镯、金串饰等。M6b 为券顶砖室墓，有银手镯、金戒指、银戒指[30]。

广东广州西村马岗晋代砖室墓棺内发现银镯 3 个，金镯 2 个。广东肇庆市坪山东晋墓出

[25] 麦英豪、黎金：《广州市西村发现古墓六座》，《文物参考资料》1955 年第 1 期。

[26] 广东省博物馆：《广东曲江南华寺古墓发掘简报》，《考古》1983 年第 7 期。

[27] 罗定县博物馆：《广东罗定县鹤咀山南朝墓》，《考古》1984 年第 3 期。

[28] 《珠光琉影——合浦出土汉代珠饰》"贵金属饰品"，第 205 页。

[29] 潘玮倩：《两广考古研究新发现——华南是金银戒指重要起源地》，《新快报·收藏周刊》2022 年 12 月 11 日 A09 版。

[30] 广西壮族自治区文物工作队、合浦县博物馆：《广西合浦县九只岭东汉墓》，《考古》2003 年第 10 期。

土金手镯、金指环各1件等。广西容县杨梅镇四娄村出土南朝时期银手镯1件，环外表錾刻凹线为饰。直径6.1厘米[31]。银手镯与古波斯银币一起发现，估计是一处窖藏。

出土银镯最多的是广东遂溪南朝窖藏，共73件，占窖藏器物的大多数（尚有小部分流散在群众手中，不计算在内）。可分三种形式：Ⅰ式1件，饰十字花连环纹六圈，银环内径5.9、外径8.5厘米。Ⅱ式12件，素面无纹，内径6.2、外径8厘米。Ⅲ式约60件，全环分三组刻线纹，每组刻线二十多道，环内径5～5.5、外径5.5～6厘米，截面呈凹形。金环2件。系青色金，表面锤打粗糙，大小相似，孔径4.5厘米。

简报整理者认为两件金环制作粗糙，显然不是佩戴的装饰品，而是作为财富的积蓄。Ⅰ、Ⅱ式银环可视为手镯。Ⅲ式银环内径较小，截面向内呈凹形，不宜作为手镯佩戴，而且数量较多，可能是衣、帽饰品[32]。金银手镯和指环在东南亚也多有发现，如1978年，越南富寿(PhúTho)省桃敕(ĐàoXá)发现1件黑格尔Ⅰ型铜鼓及2件银手镯、4件银戒指、1枚五铢钱等随葬品[33]。这类手镯及戒指很可能是受东南亚影响，少数来自中亚及西亚，因受材料所限目前尚不能判断。

广东罗定鹤咀山南朝墓出土神兽纹金手镯1件，直径7、宽1、厚0.1厘米，纯金制成，体薄，重31.3克。器表向外弧出，用锤打方法，在镯外圈压出四组神兽忍冬纹饰，每组神兽造型不同，神态各异，走兽鳞爪清晰（图7），《简报》指出具有明显的西亚风格[34]。金手镯动物形象及带状花纹是外来装饰纹样。汉代图案中已有卷草纹，南北朝时期随着佛教装饰传入卷草纹大量运用于碑刻边饰。罗定这件金手镯纹样中间带是一组走兽纹，其上下饰以莨苕—忍冬纹。动物首尾相逐的构图是汉魏南北朝样式，整理者命名为神兽是因为其似龙似兽，脱离动物原型，是一种想象的神兽。这类晋南北朝时期为多种异兽的结合体，是猫科动物还是犬科动物在工艺品的图像上不易分别。这类图像旨趣相同，取材于古老神话，融合了中外文化。

3. 金耳珰

广东出土的东汉陶女俑，头戴簪花，以耳珰穿进耳垂为坠饰。秦汉时期耳珰大多数以玻璃玛瑙、肉红石髓等材料制成，两广发现金属质耳珰数量不多。

广西合浦县九只岭M5东汉前期出土金耳档2件，位于棺右侧，大小相同，用薄金箔制成，通体似喇叭管形，细腰。长1.9厘米[35]。广州动物园东汉中期建初元年墓出土耳珰二件（《广

---

[31] 广西容县博物馆展品。

[32] 遂溪县博物馆：《广东遂溪县发现南朝窖藏金银器》，《考古》1986年第3期。

[33] 参见雷安迪(Andreas Reinecke)：《东南亚早期金器》，载中国社会科学院考古研究所、新疆文物考古研究所编：《汉代西域考古与汉文化》，科学出版社，2014年。

[34] 罗定县博物馆：《广东罗定县鹤咀山南朝墓》，《考古》1984年第3期。

[35] 广西壮族自治区文物工作队、合浦县博物馆：《广西合浦县九只岭东汉墓》，《考古》2003年第10期。

图 9　广西合浦县砖厂焊珠金饰片　　　　　　　图 10　南越王墓金焊珠花泡

州汉墓》M5041:41) [36]，残长 1.3 厘米。上述两件细腰形耳珰，与常见的玻璃、玛瑙或玉质的相同。广州动物园东汉后期墓 M23 出土 2 件金耳珰造型不同。两端为半球形，中部为腰鼓形，为分别制作，可分离、嵌套；两端半球的边缘焊接一圈小金珠，腰身中空（图 8) [37]。广西贵县铁路新村 M3 中也发现 1 对。

三、首饰或器皿组件及附属饰件

两广地区汉代金银制品随着海上丝绸之路开通与珠玑宝石组成的串饰大量涌现，出现各种构思奇特的金珠与玛瑙、石髓、水晶等组成项饰、手饰等，这与北方的发饰、头冠形成明显差异。近年来，湖南、广西、广东各收藏单位整理出版专题研究成果 [38]，为深入研究带来极大便利。

由于大多数金银制品是首饰或器皿组件及附属饰件，因此我们在依大致功能分类后再按其形制介绍，其中许多是难以分离、穿插叙述的。大体可分为漆木器和丝织物上的装饰物和串珠佩饰品两类。

（一）漆木器或丝织物上的附饰

1. 漆器金饰片

南越王墓出土数量众多金饰片、银饰片，可能是漆器上的装饰品，以金箔片数量为多，

[36] 广州市文物管理委员会：《广州动物园东汉建初元年墓清理简报》，《文物》1959 年第 10 期。《广州汉墓》上册，第 452 页。

[37] 广州市文物考古研究院编，邝桂荣主编：《广州出土汉代珠饰研究》，科学出版社，2020年，第 152 页。

[38] 湖南省博物馆编，喻燕姣主编：《湖南出土珠饰研究》，湖南人民出版社，2018 年；合浦县申报海上丝绸之路世界文化遗产中心，叶吉旺、李青会、刘琦主编《珠光琉影——合浦出土汉代珠饰》，广西美术出版社，2019 年；广州市文物考古研究院编，邝桂荣主编：《广州出土汉代珠饰研究》，科学出版社，2020 年。

因漆器无存，故散落。东耳室出土金饰片 3 片，锤揲镂孔而成。广西合浦望牛岭 M1 西汉晚期木椁墓出漆盒金平脱箔片 113 件。箔片中有加彩绘的狩猎、飞禽、走兽和海水翔云等纹样[39]。金片的图案具有中原文化与北方草原的因素。

2. 焊珠金饰片

广州市先烈路龙生岗 43 号墓（《广州汉墓》编为 M4013）发现两片，已残断。以流动的线纹作地，上有焊珠一串。残长 2.1、宽 0.5 厘米。广西合浦工业园区工地东汉晚期大型砖室墓 M14 出土铁剑，铜剑格一侧内凹处两面各镶嵌有一片金片，上面焊接细密的小颗粒金珠。金片长 2.1、宽 0.4 厘米[40]。类似饰片，合浦县环城公社砖厂 M1 出土两个残片（图 9）。

3. 金花泡

南越王墓西耳室和东侧室出土半球形泡钉数十个，分有花泡和素泡两类。以东侧室的金花泡为例，制作颇精，由金箔片压制而成，半球形，泡缘有两道细线纹，正中是一圆圈纹，外绕心形和点珠纹相间各 4 个。每个点珠纹由下面 3 个小珠上再焊接一个小珠组成，部分焊接金珠已残失。背面中空，有一横轴。径 1.1 厘米。西耳室亦出土此类金泡饰，造型相同（图 10）。

有一批金花泡是珠襦饰物。珠襦是由珠子穿缀或装饰而成的短衣，汉人称为盛服，以珠饰襦。南越王珠襦在玉衣胸部上面，浅蓝色的小玻璃珠最多（D140），数以千计，已散乱，有少数可见到排列成串。另外几种是 70 件浅蓝色玻璃贝、32 件金花泡、13 枚素面金泡、49 枚素面银泡和 14 枚素面鎏金铜泡。部分珠饰的底部，残留有丝绢痕迹，原本应是缝缀在织物之上。金花泡 32 枚（D138）有 2 枚在球面形的泡体上饰有 9 组图纹，同是用金丝和小金珠焊接而成的。另外 30 枚球面形泡体上的焊花图纹稍简单一点，顶部圈内原嵌绿松石，仅 4 枚各保留 1 粒。

（二）串饰的组成构件

1. 圆形金珠

南越王墓出土组玉佩 11 套，南越王与右夫人的组玉佩中有光素圆形珠和双锥形珠。南越王组玉佩由玉、金、玻璃、煤精球等不同材料的 32 个饰件组成，其中圆形金珠 10 颗。

2. 双锥形金珠

南越王右夫人 B 组组玉佩分列于两对玉璜之间有金珠 10 粒，4 粒双锥形（扁棱形），中有一穿，6 粒扁圆形，中亦有一穿。珠径均 0.85 厘米。广州市恒福路银行疗养院 M46 西汉中期墓由琥珀、玛瑙、红玉髓、玻璃、金珠 14 颗组成的串饰，双锥形金珠 2 颗。同墓地 M21 西汉中期墓出土双锥形金珠 1 颗。广西合浦望牛岭汉墓 M1 出双锥金珠。合浦县黄泥岗 1 号

---

[39] 广西壮族自治区文物考古写作小组：《广西合浦西汉木椁墓》，《考古》1972 年第 5 期。

[40] 广西文物考古研究所、合浦县博物馆、广西师范大学文旅学院：《广西合浦寮尾东汉三国墓发掘报告》，《考古学报》2012 年第 4 期。

新莽时期墓葬出土的 1 颗，两锥端环绕有微凹的三条纹饰，薄片锤揲痕仍保留。广州市先烈路龙生岗 M43（M4013）东汉前期墓串珠中有双锥形金珠 5 颗、绿玉髓珠 3 颗。

这种双锥形（Bicone）金珠有称作纺轮形、算珠形、扁菱形等。也有多面的珠子，玻璃、水晶、石髓等为主，目前两广及湖南等地发现的金珠多为素面。双锥形珠在两河流域到地中海沿岸的古代文明都有，其制作工艺是将锤揲的薄金片接合成球珠或双锥体珠子，两个半球焊接或熔接。

3. 水滴形金银珠

水滴形珠子因光素无纹，形状特征并不明显，也有多种称谓：胆形、长瓜形、榄形等等。水滴形珠饰风格起源于埃及地区，合浦汉墓出土的金质和石质水滴形珠饰应为输入品。水滴形金银珠以金银片锤打，中有圆形穿孔，与水晶、绿柱石、琥珀、玛瑙、红玉髓、玻璃珠、多面体金球、金胜形饰等合为一串。广州恒福路银行疗养院 M21 西汉中期墓出水滴形金珠 8 颗、先烈路龙生岗 M43 出水滴形银珠 7 颗，合浦望牛岭 M17、合浦北插江盐堆汉墓都有发现。广州梅花村 65 号省委大院 M1 东汉墓水滴形银珠 13 颗可组成一条手链。合浦县九只岭 M5 东汉前期墓的串饰摆放在足部，有 M5:70、71、73、74，共 30 件。包括玛瑙、白色水晶、浅蓝色水晶、紫水晶、琥珀、玉石等，其中长橄榄形金饰 7 件，六长一短，长 1.1 厘米，短 0.4 厘米。另一墓的串饰（M6a:81）有 12 件，摆放在足部右侧。

4. 瓜果形金珠

广西汉墓屡见瓜果形珠子，见诸发掘简报的有合浦望牛岭 M1 葫芦形金珠 1 件。其余刊于《珠光琉影——合浦出土汉代珠饰》，合浦县北插江盐堆 1 号西汉墓出土葫芦形金珠 1 件。圆瓜形珠数量稍多，合浦县磨囊平田村公所 3B 号墓室出土的圆瓜形珠一端残破，可见其内芯是中空的。长瓜形珠珠体皆一端粗，一端尖缩，外表光滑无饰，中空具穿孔。合浦县磨囊平田村公所 9 号西汉墓出土一组 4 件，合浦县凸鬼岭汽车齿轮厂 30B 号墓出土一串 6 颗。

5. 金胜形饰

也有称为"亚型饰""亚腰形""壶型饰"等，通常以为是画像上西王母头上所戴之物，故以戴胜名之。广西合浦县风门岭 M26 号西汉晚期墓出土串饰由金质胜形饰 (M26:63) 和一节榄形饰组成[41]，在两侧面上錾刻 4 圈凹线纹。合浦望牛岭 M17 东汉初期墓的一枚金胜形饰与水滴形金珠、多面体金球等珠饰品共出，同墓还有一件琥珀胜形饰[42]。两广出土的多素面，有玻璃质、琥珀质、玉质和金质[43]，材质种类丰富，"胜形饰"西汉中晚期就已经出现，虽然金质的少，但其他材质的数量较多，都是串饰的组件之一。出土时发现于胸腹或手部和足部，未见于头、肩部，显然与戴在头顶的饰物不同，与所谓西王母的戴胜、方胜无关。这种佩件侧边及中间有沟槽或穿孔以系丝线和串连，或许用以调节串饰绳索的长短以控制其松紧。

---

[41].《合浦风门岭汉墓：2003-2005 年发掘报告》。

[42].《广西合浦望牛岭汉墓——2022 年十大考古参评项目》。

[43].《珠光琉影——合浦出土汉代珠饰》"胜佩"，第 145 ~ 152 页。

图 11　广州先烈路龙生岗 M45 串珠　　　　　　　　　　　　　　　　　　　　　　图 12　广州西湾路焊珠金球

6. 焊珠多面金球

　　焊珠多面金球是由 6 或 12 或 14 个金环焊接成空心球体，在焊接部位利用 1 个或 4 个金珠点缀装饰，大多数是与玛瑙、红石髓、玻璃、水晶、琥珀以及金珠等组成串饰，也有少数由金珠合成一串（图 11）。目前两广地区披露的资料可统计的焊珠多面金珠有 10 座墓葬约计 25 颗，以十二面镂空金球最多，共 21 颗[44]。焊珠多面金球数量较多，近年又有新发现，兹列一表（附表），本文选择若干造型特别者加以介绍。广州市西湾路旧广州铸管厂 M35 东汉前期出土玛瑙、琥珀、玻璃串珠，其中 1 颗十二面焊珠空心金球（M35:106-3），与常见的十二面镂空不同，以大小不等圆珠堆填（图 12）[45]。合浦风门岭出土一颗扁圆形焊珠金球（M10:58），上下两面微弧，腰际焊接一周圆珠，上下各掐丝一道凸弦纹。弧顶边缘焊接一圈圆珠。含金量 98%，直径 1 厘米[46]。合浦县九只岭 M6 东汉墓一组 12 件串珠（M6a:81），摆放在足部右侧。2 件金花球，1 件为扁圆形，刻细弦纹，直径 1.5 厘米；1 件为橄榄形镶嵌金花饰，长 2、直径 0.5 厘米[47]。这种桶状金珠，既有称橄榄形者，也有称为梭形者。九只岭汉墓金珠呈圆桶形，于中部最广处横向两道以为中栏，焊接珠子成为 8 个圆圈，中间焊接一大珠。中栏上下部作相同的纹样，纵向焊接小珠组成长弧形花瓣，上下各六瓣，方向对应。各花瓣的顶部和下端各焊接一颗中珠，花瓣之间的空隙焊一大珠补白[48]。辽宁北票房身村 M2 晋墓

[44].《合浦风门岭汉墓》第八章《有关汉代海上丝绸之路的物证》介绍金花球说：北插江盐堆 M1 和 M4 分别出土 8 个和 14 个。案：彩版四四 2、3 显示二墓金串饰的金花球分别只有各 5 颗，非文字所说的 8 和 14 个。另，《珠光琉影——合浦出土汉代珠饰》第 214 页图片显示也是 5 颗。

[45].《广州出土汉代珠饰研究》，第 143 页。

[46].《广西合浦县丰门岭 10 号汉墓发掘简报》，《考古》1995 年第 3 期。

[47].《广西合浦县九只岭东汉墓》，《考古》2003 年第 10 期。

[48] 据熊昭明著《汉代合浦港考古与海上丝绸之路》图九〇描述，文物出版社，2015 年。

出土由两个截顶空腔六面锥体焊接而成的金珠相似[49]。

自 1953 年广州先烈路龙生岗 43 号墓发现以来，尤其是南越王墓出土金花泡后，学术界多有研究，取得一定成果[50]。专家们对广西合浦出土的部分小件黄金饰品如东汉早期的镂空金花球以及东汉晚期的多面体金球等进行成分检测，其含金量在 83% ～ 88% 之间，这与我国本土的冶炼和制作的西汉时期的金饼、东汉早期的金带钩以及部分金戒指等器物的黄金含量在 99% 以上相比，总体成色略逊。或许与金矿来源和冶金技术有关，雷安迪曾对东南亚地区出土的金饰进行研究，东南亚地区出土的金饰含金量较低，含金量超过 80% 的样品数量较少，主要是采用当地河流的冲积金制作饰品，其黄金成色较差。合浦县风门岭 10 号东汉墓出土的多面体金花球含金量 83.11%，含砷达 9.53%，成分与本土金器有明显区别，估计是通过贸易而来的输入品[51]。

7. 银币

目前两广发现汉晋南朝时期的外国货币只有萨珊银币，这些银币不具流通交易功能。广东遂溪窖藏完整的不多，已收回的约 20 枚，其铸造年代大约在沙卜尔三世至卑路斯之间（383～484 年），前后相差近百年，相当于我国东晋中期至南齐末年。广东英德县浛洸镇郊石墩岭的南齐墓出土 3 枚，两枚已残，一枚较完好。皆属波斯萨珊朝卑路斯（Prouz，457～483 年）时所铸[52]。广东曲江南华寺 M3 出土 9 片，二片能对合，银币正面是国王头像，背面中央是祭坛，上面有火焰星月，两边各有一祭司[53]。容县杨梅镇四娄村发现 2 枚，一枚为卑路斯银币，一枚为库思罗二世（628 年）银币。在伊朗国家博物馆收藏的伊朗所出卑路斯和卡瓦德一世银币上也有单孔和双孔的例证。有学者研究指出，遂溪窖藏银币中最晚的银币，是在伊朗西南部法尔斯省的卡尔齐所造瓦拉什和卡瓦德一世银币。卡尔齐是距离萨珊波斯王朝在波斯湾最主要的港口尸罗夫港（Siraf）最近的造币厂，这些银币最有可能是从伊朗经海路输出到中国的[54]。

---

[49] 陈大为：《辽宁北票房身村晋墓发掘简报》，《考古》1960 年第 1 期。

[50] . 焊珠工艺，翻译自 Granulation（本源自拉丁语 Granum，意为"谷粒"），最初的含义为"制造金属珠粒"，即用细小的金属珠粒通过焊接而固定在基体表面之上，排列成装饰性或具象性图案的装饰技术。德国学者 Jochem Wolters 在《The Ancient Craft of Granulation, A RE-ASSESSMENT OFESTABLISHED CONCEPTS》一文里，对"焊珠工艺"这一概念，从历史发展和技术特征方面进行了重新评估。关于焊珠历史及工艺参见李丝丝：《焊珠工艺及中国早期焊珠制品简析》，《猛虎·文物考古》2019 年第 4 期。

[51] .《珠光琉影——合浦出土汉代珠饰》"贵金属饰品"，第 205 页。

[52] 广东省文物管理委员会、华东师范学院历史系：《广东英德、连阳南齐和隋唐古墓的发掘》，《考古》1961 年第 3 期。

[53] 广东省博物馆：《广东曲江南华寺古墓发掘简报》，《考古》1983 年第 7 期。

[54] 克力勃（Joe Cribb）撰，李媛、苏比努尔、王露翌译：《中国南方广东发现的五世纪萨珊银币》，中国考古学会丝绸之路考古专业委员会、宁夏文物考古研究所、西北大学文化遗产学院编，罗丰主编：《丝绸之路考古》第五辑，科学出版社，2021 年。

四、战国秦汉时期域外金银器传入中国的路线

从考古发掘出土的遗物可以得知，西方金银器以及其他西方文化因素的制品传入中国大体有三条路线，一是丝绸之路即传统的西域道，二是北方草原之路，三是海上丝绸之路即传统的南海道。域外金银器通过商品交换、活跃经济、激发艺术灵感，促进中西文化交流。国外金银器改变当地民众部分生活习俗，提升中国金银器制作技术，丰富不同时期器具造型。不仅限于金银器，铜器、陶瓷器和漆器，甚至玉器的艺术造型和纹样都受到一定程度的影响。由于金银器种类较为丰富，我们选择焊珠金饰和银盒为代表分析同类器物及工艺的传入途径。

（一）焊珠金饰

焊珠金饰的工艺制品最早出现在战国晚期，甘肃、新疆、内蒙古、河北、山东等地都有发现。与北方草原文化存在密切关系，散发着草原文化的艺术气息。战国时期鄂尔多斯地区在欧亚草原文化的影响下在金器上出现了真正的焊珠工艺，并间接传入中原。这种细小的贵金属南北方都有，而且便于携带，数量较多，分布较广，虽然同是锤揲、掐丝、镶嵌、焊接工艺，但北方与南方的种类和造型颇有不同，反映了不同的传播线路。例如山东临淄商王村一号战国墓出土两件金耳坠 [55]，内蒙古阿鲁柴登战国晚期匈奴墓中出土的金冠饰、金耳坠等 [56]，新疆昭苏县下台古墓出土的汉代嵌宝石铜带钩和镶嵌宝石戒指，在宝石的周围或焊缀一周金粒或以金粒组成图案装饰 [57]。南方地区基本不见金带扣、金珠项饰、金锁链、金项圈以及各种动物形金饰片。目前年代最早的是广州南越王墓出土的金珠焊缀装饰的金花泡，西汉中期汉武帝遣使南印度之后，金饰品的数量和品种增多，最为典型的是串饰中的焊珠金球，在北方地区则没有发现类似造型的物品。

焊珠工艺的金质制品在南越国时期就已经传到岭南，以十二面焊珠金球为代表的多面金球在北方地区少见到，更多集于两广和邻近的湖南。国内学术界一般认为用粟粒金珠堆垒装饰的形制、工艺都不是中国所固有，这种金珠或者其制作方法有可能是由海路传入中国的 [58]。以金花球或多面金珠所代表的基本艺术风格和制作技术来自地中海或印度洋地区。在越南南部金瓯角的古海港奥埃奥（Oc-Eo，或译奥高、俄厄）进行发掘，发现很多印度和中国的产品，还有罗马和仿罗马风格的遗物，其中就有"多面金珠（dodecahedron）"。有研究者称："公元初二、三世纪奥埃奥地区的工匠按照纯罗马风格制作凹型雕刻，并能够重现先进的罗马工艺。"实指多面金珠等罗马式金银制品系在这个古代贸易港口当地制作而成 [59]。

[55] 临淄市博物馆：《山东临淄商王村一号战国墓发掘简报》，《文物》1997 年第 6 期。

[56] 田广金、郭素新：《内蒙古阿鲁柴登发现的匈奴遗物》，《考古》1980 年第 4 期。

[57] 新疆维吾尔自治区社会科学院考古研究所编：《新疆民族文物》图 172、图 173，文物出版社，1985 年。

[58] 岑蕊：《试论东汉魏晋墓葬中的多面金球用途及其源流》，《考古与文物》1990 年第 3 期。

[59] L. Boulnois. The Silk Road [M] London, 1966, p. 71 和张绪山：《罗马帝国沿海路向东方的探索》，《史学月刊》2001 年第 1 期。转引自陈洪波：《汉代海上丝绸之路出土金珠饰品的考古研究》，《广西师范大学学报》（哲学社会科学版）第 48 卷第 1 期，2012 年 2 月。

（二）银盒

南北方都有的是裂瓣纹银盒，又称"凸瓣纹"（fluted decoration），李零认为称裂瓣纹（lobed decoration）更相符。这种器物可以向上追溯到古亚述时期，西人称 phialē，Phialē 是希腊文，拉丁文作 phiala，学者或取音译，称之为"筐罍"。这种银盒有共同的来源，即西亚波斯，但传入中国则有不同的路线。山东出土战国秦汉时期的银盒很可能由北方传入，而且是由草原之路传入。英国学者杰西卡·罗森研究认为汉代在山石中建造宫殿，这种独特的凿山为藏的新藏式与阿契美尼德的墓葬有着相似之处[60]。众多中国学者根据出土文物、图像和文献研究中西文化交流，结论是在汉武帝开通丝绸之路之前，早就存在一条欧亚交流的草原之路，是传播东西方文化的桥梁[61]。山东临淄商王村一号战国墓与银盒同出的两件金耳坠，山东青州西辛大墓与银盒同出的金环首等[62]，都是典型的草原文化文物。

关于南越王墓出土的银盒，我们认为，无论此银盒是波斯产品抑或是罗马产品，公元前 2 世纪，罗马人、波斯人掌握远洋航海技术，西方物品有可能经过印度洋的海上交通到达番禺（广州）[63]。在南北方发现的诸多银盒中，与南越王墓最相似的是江苏盱眙大云山西汉江都王陵 1 号墓出土的两件银盒，同出的银盘与《丝路留金》展览中贵霜王朝希腊文和巴克特里亚语铭文银盘（展品 198 号）十分相似。大云山 1 号墓还出土南越文王墓同样的金花泡，显示出有相同来源。西汉江都王陵 1 号墓前室盗坑内，银盒与铜犀牛、铜驯犀俑、鎏金铜大象、玉圭等器物共出[64]，犀牛形态学初步研究表明为亚洲犀牛苏门答腊种，充分显示其与东南亚之联系的紧密性。南越武王赵佗派使者向汉文帝"献白璧一双，翠鸟千，犀角十"。汉武帝元狩二年（公元前 121 年）"南越献驯象，能言鸟"[65]。我们认为西汉江都王陵 1 号墓出土的金花泡、银盒、银盘与南越王墓的同类器物一样是由南海道输入。

五、海外输入和传输内地的大体路线

[60] [英] 杰西卡·罗森 著，邓菲、黄洋、吴晓筠等译：《祖先与永恒：杰西卡·罗森中国考古艺术文集》，"西汉的永恒宫殿——新宇宙观的发展"，生活、读书、新知三联书店，2011 年。

[61].林梅村：《古道西风——考古新发现所见中西文化交流》，生活·读书·新知三联书店，2000 年；李零：《论中国的有翼神兽》；《再论中国的有翼神兽》，均收入《入山与出塞》，文物出版社，2004 年；邢义田：《古代中国及欧亚文献、图像与考古资料中的"胡人"外貌》，《画为心声：画像石、画像砖与壁画》，中华书局，2011 年；徐龙国：《山东发现的汉代大型胡人石雕像再研究》，《美术研究》2017 年第 3 期。

[62].山东省文物考古研究所、青州市博物馆：《山东青州西辛战国墓发掘简报》，《文物》2014 年第 9 期。

[63].全洪：《广州出土海上丝绸之路遗物源流初探》，广东省文物考古研究所、广州市文物考古研究所、深圳博物馆编，邱立诚主编：《华南考古 1》，文物出版社，2004 年。

[64].南京博物院、盱眙文化广电和旅游局编著：《大云山——西汉江都王陵 1 号墓发掘报告》第四章《表土、封土和盗坑出土遗物》，文物出版社，2020 年。

[65].《汉书》卷九十五《西南夷两粤朝鲜传》；卷六《武帝纪》。

至西汉前期，汉兴七十年，经南越国的发展，海外来船及商客进入中国的首站是番禺（广州）。番禺作为海外奇珍珠玑的集散地，成为中国对外交通贸易的中心之一。在此基础上，汉武帝正式遣使随船出使南海诸国，三国时期东吴朱康出使扶南是从广州出洋，东晋印度高僧来华就在广州登岸并于此译经，然后北上建康（南京）。

经学术界多年研究成果，达成基本共识：两广地区出土西方文化因素的金银器，尤其是以具有浓郁印度风格为代表的串珠，无论是通过直接抑或间接途径传到南中国，都是通过海路传来，并非经西南或西北—中原传来。然而，传播的线路是复杂多样的。传播方式可以是直接的，也可以是间接的，特别是工艺技术等意匠不同于一般商业随船而至，而是可能通过工匠流动而产生交流，相互学习、启发。《汉书》卷二八《地理志》记载汉政府的官方外交活动，南海七国使者与商人来华，汉译使往返访问诸国，到了印度南部，从斯里兰卡返回。汉志所载的黄支国，经日本学者藤田丰八及法国学者费琅考证是印度建志补罗（Kānchīpura，今康契普腊姆 Conjeveram），在今印度东南的马德拉斯（Madras），殆成定论[66]。公元前后，印度与罗马之间就建立起贸易网络体系。南亚的商人和航海者们，为取得国内外海上贸易兴起的利益，在中东和东南亚建立了不少社区。公元之初，南亚输出大量奢侈品给西方，并把许多普通物品如谷物、木材和金属卖到波斯湾、阿拉伯、红海和索马里海岸诸港，以换回奢侈品，首先是金、银、铜币。从《回航记》的记载可清楚得知，到公元初从红海到孟加拉湾都有着繁荣的和建设良好的港口[67]。东南亚成为中国—印度—罗马之间的中继站。澳大利亚学者查尔斯·海厄姆（Charles Higham）认为东南亚铁器时代的海洋贸易体系的线路始于中国[68]。东周时期向海路搜求奢侈品，公元前3至2世纪，波斯、印度是输出地，经东南亚。开头是动植物矿物制品，诸如玻璃器及石珠等，后来有技术艺术的接触。据《汉书·地理志》的记载，汉使者往返中印之间所行航路是：北部湾—中南半岛—泰国湾—或经克拉地峡，或南下经马六甲海峡—安达曼海—孟加拉湾—印度东海岸—斯里兰卡。汉使沿途所经就是通常意义上的东南亚大陆地区，"所至国皆禀食为耦，蛮夷贾船，转送致之"，海上航道大多沿海岸由各地辗转接送。

历朝历代政府派遣使者从番禺——广州出发，循中南半岛沿海进入印度洋沿岸和波斯湾地区，与陆路西域道殊途同归。外国商船和使者也沿着同样的航线往来，到达两广后北上进入内地。秦汉时期五岭之间的山谷交通南北的主要有东西两道，西以灵渠道、临贺道为主，东则有桂阳道、六泷道。灵渠连接珠江水系漓江与长江水系湘江，自秦代以来成为岭南通往

[66] 冯承钧：《中国南洋交通史》，上海古籍出版社，2005年，第2页，注引藤田丰八《前汉对于西南海上交通之记录》、费琅《昆仑及南海古代航行考》。

[67] [澳] 肯尼斯·麦克弗森著，耿引曾，施诚，李隆国译：《印度洋史 The Indian Ocean: A History of People and the Sea》，商务印书馆，2015年，第43、44页。

[68]. 查尔斯·海厄姆著，云南省文物考古研究所（蒋璐、孙淑娜）译：《东南亚大陆早期文化：从最初的人类到吴哥王朝》，文物出版社，2017年。

中原北方最重要的道路。临贺道（又称潇湘古道），从西江支流溯贺江而上，越过分水岭即到达湘江支流潇水。粤北的北江有多条支道北上，其中桂阳道汉武帝元鼎五年（公元前112年）平南越，"遣伏波将军路博德出桂阳，下湟水"。东汉章帝建初八年（公元83年），郑弘为避交趾七郡贡献海道风险，"奏开零陵、桂阳峤道，于是夷通"[69]。此道在晋南朝兴盛，印度僧侣从广州去建康多走。由北江支流浈水而上越横浦关可入赣江。《史记·南越列传》："佗即移檄告横浦、阳山、湟溪关"。元鼎五年："主爵都尉杨仆为楼船将军，出豫章，下横浦"。这条道路经唐张九龄开凿大庾岭而成为唐宋南北交通大动脉。

沿上述道路，输入两广的金银饰品辗转到湖南地区。湖南永州鹞子岭泉陵侯M2出土4枚水滴形和1颗双锥形金珠[70]。郴州骆仙岭北湖区政府新址工地M32东汉墓出土1枚十面镂空金珠，长沙市五里牌李家老屋9号东汉墓出土一批金饰品，绚索纹金链1条，焊珠金球11颗，其中扁圆形6颗、六面镂空4颗、圆形1颗。此外腰鼓形金珠2枚、"亚"字腰形金珠1枚[71]。常德柏子园M1汉墓出土镂空球形金珠1枚，常德南坪M10出土水滴形金珠6件，耳珰、胜形饰、球形珠各1件。汉代金饰由两广经上述交通要道会聚于长沙，分散到内地。

除了内河水陆交通，海路也是重要航线，不过见诸史文的年代稍晚。《后汉书》卷三十三《郑弘传》：汉章帝建初八年（公元83年），郑弘为大司农。"旧交趾七郡贡献转运，皆从东冶（今福建福州）泛海而至，风波艰阻，沉溺相系。"不但有邻近海域的海上航路，南朝时还开辟了长距离航线，梁大同年间，北燕苗裔冯弘亡奔高丽，遣其子冯业带领三百人浮海归宋，后定居新会[72]。估计汉晋南朝时期会有部分海外金银制品经海路传输到南海以北。

本文以汉晋时期两广出土具有域外风格的金银制品为中心，简要叙述金银器的种类及其文化因素，探讨一些制品的产地及流通情况。中国早期艺术的外来风格往往不是直接传入，而是接力式传播，西域各国、南海诸国，还有北方草原都可能是输入孔道。在吸取前贤时彦研究成果的基础上不揣简陋提出一些个人意见，错误不当之处在所难免，祈请方家批判指正。

---

[69].《后汉书》卷三十三《郑弘传》。

[70] 以下关于湖南省出土珠饰均引自湖南省博物馆编，喻燕姣主编：《湖南出土珠饰研究》，湖南人民出版社，2018年。器物名称不依其书。

[71] 这两件金饰疑是耳珰和胜形饰。

[72]《隋书》卷八十《谯国夫人传》：梁大同初，罗州刺史冯融闻夫人有志行，为其子高凉太守宝聘以为妻。融本北燕苗裔，初，冯弘之投高丽也，遣融大父业以三百人浮海归宋，因留于新会。《新唐书》卷一一《冯盎传》：冯盎，字明达，高州良德人，本北燕冯弘裔孙。弘不能以国下魏，亡奔高丽，遣子业以三百人浮海归晋。弘已灭，业留番禺，至孙融，事梁为罗州刺史。

附表：两广出土汉代焊珠多面金球简表

序号	发现时间	出土地点	墓葬年代	件数	简要描述	参考书目
1	1953 年	广州先烈路龙生岗 M43（M4013）	东汉前期	1	十二面镂空	《考古学报》1957 年第 1 期，广州出土汉代珠饰研究
2	1986 年	合浦丰门岭 M10：58	东汉后期	1	六面镂空	《考古》1995 年第 3 期
3	同上	合浦丰门岭 M10：59	东汉后期	1	扁圆形	同上
4	1990 年	合浦黄泥岗 M1	新莽时期	1	十二面镂空	《珠光琉影——合浦出土汉代珠饰》
5	1991 年	贵港深钉岭 M12:23	西汉晚期	1	十二面镂空	《广西文物考古报告集：1991—2010》
6	2000 年	广州恒福路银行疗养院 M21:065	西汉中期	1	十二面镂空	《铢积寸累——广州考古十年出土文物选萃》
7	2001 年	合浦九只岭 M6a:81	东汉后期	1	桶状	《考古》2003 年第 10 期、《汉代合浦港考古与海上丝绸之路》
8	同上	合浦九只岭 M6a:77	同上	5？	球形？	《考古》2003 年第 10 期
9	2010 年	广州西湾路旧铸管厂 M35:106	东汉前期	1	十二面	《广州出土汉代珠饰研究》
10	2022 年	合浦望牛岭 M17	东汉初期	1	十二面镂空	2022 年十大考古参评项目
11	1991 年	合浦北插江盐堆 M1	东汉	5	十二面镂空	《合浦风门岭汉墓：2003—2005 年发掘报告》《珠光琉影——合浦出土汉代珠饰》
12	1991 年	合浦北插江盐堆 M4	同上	5	十二面镂空	《合浦风门岭汉墓：2003—2005 年发掘报告》

前言

　　从持续数百万年的石器时代跃至金属时代，是人类技术史的一次伟大飞跃。公元前四千纪，安纳托利亚半岛和美索不达米亚的古文明步入青铜时代；公元前一千纪，赫梯人开启了铁器时代；公元前 4 世纪，亚历山大东征以后，开启了希腊化时代。亚欧大陆上跨越四千年的政权更迭，不仅产生了古老文明的交汇，更在金石锤炼中碰撞出冶金技术的绚烂花火。

　　本次展出的 263 件 / 套平山郁夫丝绸之路美术馆藏亚洲文明古国金属制品，时间跨度从青铜时代至中世纪近四千年；地域分布囊括西亚至地中海周边，中亚、南亚等古丝绸之路沿线地区；文化背景涉及两河流域文明、古波斯文明，以及古希腊、古罗马、贵霜与萨珊波斯等文明古国；材料质地则涵盖金、银、铜、铁、锡等多种金属；具体用途涉及礼器、武器、生活器皿、雕像、印章、饰品等各个方面。这些数千年前珍稀的金属制品是权力与财富的象征，是工匠们智慧与技艺的结晶，是先民们信仰和审美的体现，是时光流转中不曾衰败的永恒镂痕。

　　丝绸之路链接各文明古国，是人类文明交流互鉴的重要通道，是建立人类命运共同体的重要参考。2023 年是共建"一带一路"倡议提出十周年，有鉴于此，深圳博物馆联合平山郁夫丝绸之路美术馆，共同呈现冶金术的起源、发展与传播，深入挖掘文明交流的历史内涵，着力展现多元文化的和谐共存。

Preface

The leap from the Stone Age, spanning millions of years, to the Metal Age represents a remarkable milestone in the history of human technology. In the 4th millennium BCE, the ancient civilizations of Anatolia and Mesopotamia entered the Bronze Age. By the 1st millennium BCE, the Hittites ushered in the Iron Age. And following Alexander the Great's conquests in the 4th century BCE, the Hellenistic era began. The regime changes over four thousand years on the Eurasian continent not only resulted in the intersection of ancient civilizations, but also collided with the brilliant sparks of metallurgical technology in the process of metalwork refining and forging.

The 263 pieces/sets of metal products from ancient Asian civilizations in the collection of the Hirayama Ikuo Silk Road Museum on display, spanning nearly 4000 years from the Bronze Age to the Middle Ages; covering areas along the ancient Silk Road from West Asia to the surrounding Mediterranean, Central Asia, South Asia, etc; with cultural backgrounds involving the Mesopotamian, Ancient Persian, Ancient Greece, Ancient Roman, Kushan, and Sassanian civilizations. They were made from various metals, including gold, silver, copper, iron, and tin; using as ceremonial objects, weapons, daily utensils, sculptures, seals, jewelry, and so on. These rare metal products from thousands of years ago symbolize power and wealth, represent the wisdom and techniques of craftsmen, embody the beliefs and aesthetics of ancestors, leaving an eternal and indelible mark in the flow of time.

The Silk Road connected various ancient civilizations and served as an important pathway for the exchange and mutual learning of human cultures. It offers valuable references into building a community with a shared future for mankind. In 2023, the Belt and Road Initiative celebrates its tenth anniversary. In light of this, Shenzhen Museum, in collaboration with Hirayama Ikuo Silk Road Museum, jointly presents the origin, development, and diffusion of metallurgy; delves deep into the historical significance of cultural exchanges, emphasizing the harmonious coexistence of diverse cultures.

金工肇造

The Genesis of Metalwork

美索不达米亚（亦称"两河流域"，包括今伊拉克、伊朗、约旦、黎巴嫩、以色列及土耳其等地）是人类文明的摇篮。约公元前 3500 年，铜锡合金的制作标志着青铜时代的真正开始。两河流域高度发达的青铜冶铸技术，通过贸易、移民、文化交流等方式，在亚欧大陆广泛传播，西亚苏美尔文明、南亚哈拉帕文明以及中亚阿姆河文明交相辉映，持续闪耀着不朽的光辉。对神权的崇拜、对王权的追逐、对技术的探索和对力量的渴望，构成了公元前第三千纪至前第二千纪，两河流域及其周边金属艺术的共同主题。

Mesopotamia, which is comprised of the modern nations of Iraq, Iran, Jordan, Lebanon, Turkey, is often referred to as the cradle of human civilization. Around 3500 BCE, the production of copper-tin alloys marked the true beginning of the Bronze Age. The highly developed bronze metallurgy techniques in the Mesopotamian region spread extensively across the Eurasian continent through trade, migration, and cultural exchange. So that the Sumerian Civilization in West Asia, the Harappan Civilization in South Asia, and the Oxus Civilization in Central Asia complemented each other and still shining with immortal brilliance. The worship of deities, the pursuit of kingship, the exploration of technology, and the desire for power collectively formed the common themes in the metal art of the Mesopotamia and its surroundings during the 3rd to 2nd millennia BCE.

　　美索不达米亚文明最早的创造者，是公元前 4000 年的苏美尔人。苏美尔文明（公元前 3500 年～前 2000 年左右）是迄今所知最早的城市文明，其雕像、浮雕、滚筒印章、金属等艺术均具有开创性的贡献。由于早期资源的相对稀缺，苏美尔文明最初的金属制品尺寸较小，多供王室使用。此后的阿卡德王朝、乌尔第三王朝、古巴比伦王国，基本继承了苏美尔的文化遗产，逐渐将美索不达米亚文明发展至巅峰。

The earliest creators of the Mesopotamian civilization were the Sumerians in around 4000 BCE. The Sumerian civilization (ca. 3500 BCE to 2000 BCE) is the earliest known urban civilization to date, with groundbreaking contributions in art such as statues, reliefs, drum seals, and metalwork. Due to the initial scarcity of resources, the early Sumerian metal products were relatively small in size and primarily served royal purposes. Subsequently, the Akkad Kingdom, the Ur III Dynasty, and the Ancient Babylon inherited the cultural legacy of Sumer and gradually elevated the Mesopotamian civilization to its zenith.

四轮铜牛车

苏美尔早期王朝（公元前 3000 ~ 前 2350 年）
伊拉克
宽 49 厘米，纵深 24 厘米，高 16 厘米，重 1830 克

Copper Alloy Ox Cart
Early Sumerian Dynasty (ca. 3000–2350 BCE)
Iraq
W. 49 cm, D. 24 cm, H. 16 cm, Wt. 1830 g

两头长着大角的公牛拉着一辆四轮车，铜牛失蜡法浇铸，铜车锻造。早期四轮车没有辐条，仅用木板拼接，因此略显笨重。公元前 2500 年左右，在古代美索不达米亚的乌尔墓中也出土了仿制该类型牛车的青铜制殉葬品。

失蜡法红铜牛，小亚细亚哈梯文明（Hattian），公元前 2300 ~ 前 2000 年，美国大都会艺术博物馆藏

乌尔第三王朝军旗（局部）上的四轮驴车图案，大英博物馆藏

吉库拉塔

塔庙（亦称"吉库拉塔"，ziggurat）是两河文明独特的建筑艺术形式，与楔形文字和滚筒印章并称为苏美尔文明的三大标志。塔庙作为一个城市中最高的建筑物，由 1 至 7 层不等的高台和建于其上的神庙组成，一般需要由七百万块砖泥砖或烧制砖建成。塔庙通常供奉该城市的主神，由神庙人员负责管理，并组织祭祀活动。迄今保存最完整的塔庙建筑，是乌尔第三王朝建立者乌尔纳姆统治时建造的乌尔大塔庙，供奉乌尔城的保护神即月神南纳。

02
——

神像奠基铜钉

苏美尔早期王朝（公元前 2400 ～ 前 2250 年）
伊拉克
宽 5.5 厘米，厚 4 厘米，高 25 厘米，重 750 克

Copper Alloy Foundation Nail
Early Sumerian Dynasty (ca. 2400–2250 BCE)
Iraq
W. 5.5 cm, D. 4 cm, H. 25 cm, Wt. 750 g

失蜡法浇铸，神灵形象，头顶生有两只尖角，双手合十，呈祈祷姿态。奠基钉是苏美尔时期常用礼器，用于划定宫殿或神庙建造区域，并与奠基碗一起埋入地基。此举意在使国君之名广为流传，并获得神祇庇佑。

苏美尔奠基铜钉，公元前 2500 ～ 前 2350 年，红铜实心失蜡法浇铸，美国大都会艺术博物馆藏

埃休达尔·乌里铭文铜碗

阿卡德王朝时期（公元前 2350 ~ 前 2150 年）

伊拉克

口径 11.2 厘米，高 6.2 厘米，重 170 克

Copper Alloy Bowl with Eshdar Uri Inscription

Akkadian Dynasty (ca. 2350-2150 BCE)

Iraq

Diam.(mouth) 11.2 cm, H. 6.2 cm, Wt. 170 g

　　半球形碗状，外壁镌刻阿卡德楔形文字，铭文为"埃休达尔·乌里纪事"。还应有个青铜奠基钉相配套，用于宫殿或神庙建筑奠基。此类奠基碗多为素面，少数刻有铭文，铭文内容一般为国王姓名及神庙供奉主神。

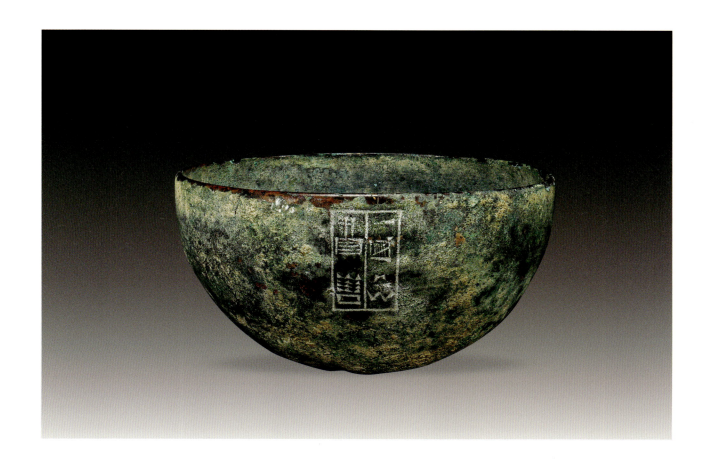

沙尔·卡利·沙利铭文铜碗

阿卡德王朝时期（公元前 2350～前 2150 年）

伊拉克

口径 12.7 厘米，高 6.3 厘米，重 160 克

Copper Alloy Bowl with Shar–kali–sharri Inscription

Akkadian Dynasty (ca. 2350-2150 BCE)

Iraq

Diam.(mouth) 12.7 cm, H. 6.3 cm, Wt. 160 g

　　半球形碗状，外壁镌刻阿卡德楔形文字，意为"沙尔卡利·沙利，天下四方之王。"沙尔·卡利·沙利是阿卡德王朝第五代国王（约公元前 2217～前 2193 年在位），纳拉姆·辛的儿子，实质上也是阿卡德王朝的最后一位国王。试图效仿其父纳拉姆·辛，将自己神化。

纳拉姆·辛王铭文铜斧

阿卡德王朝时期（公元前 2350 ～前 2150 年）
伊拉克
宽 22.7 厘米，厚 2.2 厘米，高 8 厘米，重 220 克

Copper Alloy Axe with Naram-Sin Inscription
Akkadian Dynasty (ca. 2350-2150 BCE)
Iraq
W. 22.7 cm, D. 2.2 cm, H. 8 cm, Wt. 220 g

  西亚文明中的斧头样式多变，此为一把青铜锚形斧头。其上刻有楔形文字，意为"天下四方之王纳拉姆·辛"。纳拉姆·辛，公元前 2254 年～前 2218 年在位，是阿卡德王朝的第四任统治者。他是第一位自称"天下四方之王"的君主，以此来彰显自己统领东南西北四方全域的威严。他也是第一位生前自封为神的君王。此物应为在其统治时期制成，因刻有君王名讳，疑为供奉给神明的武具。

人物造型铜奠基钉

新苏美尔时期（公元前 2150～前 2000 年）

伊拉克

宽 3.8 厘米，纵深 7.2 厘米，高 18.3 厘米，重 1100 克

Copper Alloy Foundation Nail

Neo- Sumerian Period (ca. 2150-2000 BCE)

Iraq

W. 3.8 cm, D. 7.2 cm, H. 18.3 cm, Wt. 1100 g

　　此为公元前 2100 年左右，古地亚（Gudea）统治新
苏美尔城邦拉格什（Lagash）时期的奠基钉，失蜡法浇铸。
表现苏美尔神（统称"阿努纳奇"，Anunnaki），头戴
牛角冠，呈跪坐姿态，双手扶着巨大铜钉。

新苏美尔时期古地亚 (Gudea) 奠基青铜钉，
公元前 2100 年，实心失蜡法浇铸，伊拉克
出土，美国克利夫兰艺术博物馆藏

阿马尔·辛铭文铜碗

乌尔第三王朝（公元前 2113 ～前 2037 年）

伊拉克

口径 16.8 厘米，高 4.8 厘米，重 240 克

Copper Alloy Bowl with Amar-Sin Inscription

Ur III Dynasty (ca. 2113-2037 BCE)

Iraq

Diam.(mouth) 16.8 cm, H. 4.8 cm, Wt. 240 g

　　此碗外壁镌刻巴比伦楔形文字，意为"阿马尔·辛，无坚不摧之王，天下四方之王"。

　　阿马尔·辛是乌尔第三王朝的第三位国王（约公元前 2046 ～前 2038 年在位）。他继承了其父舒尔吉（Shulgi）的王位，建造并修葺巨大神庙。乌尔第三王朝是苏美尔人所建，他们从阿卡德王朝手中夺回了对美索不达米亚的控制权，并以乌尔为中心繁荣发展。

乌尔·南姆王铭文铜碗

乌尔第三王朝（公元前 2113 ～前 2037 年）

伊拉克

口径 10.8 厘米，高 5.7 厘米，重 200 克

Copper Alloy Bowl with Ur-Namma Inscription

Ur III Dynasty (ca. 2113-2037 BCE)

Iraq

Diam.(mouth) 10.8 cm, H. 5.7 cm, Wt. 200 g

　　此物为奠基钉的钉帽部分，用于神庙和宫殿等大型建筑物建造之际。呈碗状，内含一颗青铜奠基钉，外侧镌刻巴比伦楔形文字，意为"乌尔·南姆——乌尔之王，伊南娜神庙的建造者。"乌尔·南姆为乌尔第三王朝的开创者，约公元前 2112 ～前 2095 年在位。

09
—

小羊铜护身符

古巴比伦王国（公元前 2000～前 1600 年）
伊拉克
宽 2.2 厘米，纵深 1.1 厘米，高 2.2 厘米，重 220 克

Copper Alloy Lamb Amulet

Babylonian (ca. 2000-1600 BCE)
Iraq
W. 2.2 cm, D. 1.1 cm, H. 2.2 cm, Wt. 220 g

　　此为失蜡法浇铸的青铜羊形护身符。近东文明护身符广泛流行
于地中海东岸、叙利亚、美索不达米亚、安纳托利亚、伊朗高原。
用金、银、铜或铅制作，以家养的羊、牛、山羊，生活中常见的鸟、
鹿、兔子，甚至狮子等动物为蓝本，通常挂在项链上，随身佩戴，
一般认为是借用动物所体现出的顽强生命力和丰富形象来实现驱魔
辟邪的目的。

神祇崇拜

　　神祇崇拜是维系苏美尔文明的重要纽带，苏美尔神话是已知最古老的神话体系之一，主要包括主神、天神、地神和附属神四个等级，早期神灵数目已多达数百，各有名号及职务。苏美尔人为此广建神庙，大兴祭礼。宏伟的神庙、细腻的雕刻、精致的祭器以及动人的滚筒印章——苏美尔的宗教场所也是其艺术水平的集中体现。

10
——

银神像

古巴比伦王国（公元前 2000 ~ 前 1600 年）
伊拉克
宽 1.5 厘米，厚 1.3 厘米，高 5.2 厘米，重 40 克

Silver Figurine
Babylonian (ca. 2000–1600 BCE)
Iraq
W. 1.5 cm, D. 1.3 cm, H. 5.2 cm, Wt. 40 g

　　此件小型银制神像为失蜡法浇铸，疑为名为伊拉布拉特（Ninshubar）的神明，隶属于巴比伦三大神之一的苍天神安努（Anu），侍奉上位神明，乃是诸神家臣一般的存在。神像头戴象征神明印记的角冠，身着长袍，手持长条状神杖。

哈拉帕文明

　　印度河流域文明（今巴基斯坦、印度部分地区）是印度次大陆已知最早的城市文明，因在巴基斯坦哈拉帕首先被发现，亦称"哈拉帕文明"。该文明由南亚次大陆土著民族达罗毗荼人创造，起源可追溯至公元前3500年左右，成熟时期约为公元前2600年～前1900年。公元前3300年起进入青铜时代，逐步掌握冶炼红铜、铅、锡以及青铜铸造技术，其青铜制品主要包括生活器皿、铸造工具以及装饰品。而数量众多的印度河印章、动物和人类小塑像，以及少数的高质量雕塑，则代表了印度河流域工匠们的美学水平。

　　The Indus Valley Civilization, located in parts of Pakistan and India today, is the earliest known urban civilization on the Indian subcontinent. It was initially discovered in Harappa, Pakistan, therefore is often referred to as the "Harappan Civilization". This civilization was created by the indigenous people of the Indian subcontinent, the Dravidian. Originated around 3500 BCE and matured between 2600-1900 BCE. By 3300 BCE, it entered the Bronze Age and gradually mastered the techniques of smelting copper, lead, tin, and bronze casting. Their bronze products primarily included household utensils, casting tools, and decorations. Also, the numerous Indus Valley seals, small figurines of animals and humans, as well as a few high-quality sculptures represent the aesthetic skills of the craftsmen of the Indus Valley region.

失落的文明

　　20 世纪 20 年代才被发现的哈拉帕文明，目前已被鉴别出有至少 1000 个定居点，是同时代分布范围最广泛的城市文明，约为古埃及或美索不达米亚的两倍。城市规划高度严整、物产丰富、商业发达、工艺水平成熟复杂。而哈拉帕与摩亨佐·达罗则是印度河流域文明中最大的两座城市。

　　哈拉帕文明的城市废墟中发现了许多带有象形文字和动物图案的印章，此外还出土了青铜器和彩文陶器等，由此表明美索不达米亚等地与西亚进行了贸易往来。

11
——

女神铜坐像

哈拉帕文明时期（公元前 2600 ~ 前 1800 年）
巴基斯坦
宽 7.5 厘米，纵深 6.5 厘米，高 14 厘米，重 600 克

Copper Alloy Figurine

Harappan (ca. 2600-1800 BCE)
Pakistan
W. 7.5 cm, D. 6.5 cm, H. 14 cm, Wt. 600 g

　　此件青铜女神像呈跪坐姿态，面容模糊不清，可能与印度河流域的某种女神崇拜有关。哈拉帕文明曾出土大量泥塑女性像，青铜材质则较为罕见，因此尤为珍贵。此像为失蜡法浇铸，卢浮宫及大英博物馆有类似藏品。

左：青铜顶罐人像，出自伊朗 Kerman，卢浮宫藏。右：青铜女神像，实心失蜡法浇铸，年代约在公元前 2000 年。大英博物馆藏。新德里印度国家博物馆藏有一件哈拉帕文化舞蹈女孩青铜像，高 10.8 厘米，可与之相媲美

12
—

铜牛像

哈拉帕文明时期（公元前 2600 ~ 前 1800 年）

印度河流域

宽 10 厘米，纵深 4 厘米，高 6 厘米，重 160 克

Copper Alloy Bull

Harappan (ca. 2600-1800 BCE)

Indus Valley

W. 10 cm, D. 4 cm, H. 6 cm, Wt. 160 g

　　牛在印度河流域文明中被赋予神圣地位，公牛具有神性，象征力量、强壮等寓意，因此被广泛使用于各种艺术形式中。此青铜公牛像为失蜡法浇铸，造型生动细腻。

青铜裸女驾牛，公元前 2000 ~ 前 1750 年，印度憍赏弥（Kosambi）哈拉帕晚期遗址出土，美国大都会艺术博物馆藏

阿姆河文明

巴克特里亚—马尔吉亚纳考古共同体又称"阿姆河文明"，时代约在公元前 2300～前 1700 年，以阿姆河为中心，与印度河流域的哈拉帕文明为邻，包括乌兹别克斯坦河中地区、土库曼斯坦花剌子模和伊朗呼罗珊等地区。阿姆河上游及周边丰富的矿产资源与先进的冶炼技术，造就出这一时期工艺复杂、装饰精湛的金属制品。多以动物形象、植物纹和几何图案为主，实现了自然野趣和装饰性的和谐统一。用途也更为广泛，包括化妆容器、印章、武器等实用器。

The Bactria-Margiana Archaeological Complex (BMAC), also known as the "Oxus Civilization", existed during approximately 2300-1700 BCE. It is centered around the Amu Darya (Oxus) River, and was adjacent to the Harappan Civilization in the Indus Valley region, including the Uzbek River region, the Khurazim of Turkmenistan, and the Khorasan of Iran region. The abundant mineral resources advanced metallurgical techniques in the upper reaches and surrounding areas of the Amu Darya region, gave rise to a period characterized by intricate and finely crafted metalwork. The primary motifs in these artifacts include animal figures, plant patterns, and geometric designs, achieving a harmonious blend of natural charm and decorative artistry. Their purposes were more diverse, including cosmetic containers, seals, weapons, and other practical utensils.

13
—

双峰驼铜铸像

巴克特里亚—马尔吉亚纳考古共同体时期
（公元前 2300 ~ 前 1700 年）
阿富汗
宽 4.8 厘米，纵深 2 厘米，高 4.3 厘米，重 60 克

Copper Alloy Camel Figurine

Bactria-Margiana Archaeological Complex
(ca. 2300-1700 BCE)
Afghanistan
W. 4.8 cm, D. 2 cm, H. 4.3 cm, Wt. 60 g

　　野生动物造像是中亚最常见的母题，通常作为容器、印章、别针等实用器物装饰，如此铸像般一体成型的所见甚少，功能不明。双峰驼又名"巴克特里亚骆驼"，因其疑似起源于巴克特里亚地区而得名，广泛栖息在伊朗到西伯利亚地区。相较于单峰驼因高大修长而被应用于军事作战，双峰驼则以耐力、负重与环境适应能力而在欧亚大陆文明古国的商旅和货运中广泛使用，成为东西方物质文化交流的重要载体。西突厥斯坦从公元前 3000 年就开始制作了双峰骆驼像。

巴克特里亚双峰驼铜像，公元前三千纪末至前二千纪初，实心失蜡法铸造，美国大都会艺术博物馆藏

立鹿铜铸像

巴克特里亚—马尔吉亚纳考古共同体时期
（公元前 2300 ～前 1700 年）
阿富汗
宽 7 厘米，纵深 4.5 厘米，高 12 厘米，重 260 克

Copper Alloy Stag Figurine

Bactria-Margiana Archaeological Complex
 (ca. 2300-1700 BCE)
Afghanistan
W. 7 cm, D. 4.5 cm, H. 12 cm, Wt. 260 g

　　这件由失蜡法浇铸与底座一体成型的实心造像，以写实风格再现中亚地区的马鹿形象。中亚马鹿的活动范围包括土库曼斯坦、阿富汗北部的阿姆河地区，乌兹别克斯坦、塔吉克斯坦和哈萨克斯坦的锡尔河地区。古代中亚以及中国北方草原游牧民族常以鹿的造型作为器物装饰。

素面高足银杯

巴克特里亚—马尔吉亚纳考古共同体时期（公元前 2300 ～前 1700 年）
阿富汗
口径 8 厘米，高 16 厘米，重 230 克

Silver Goblet

Bactria-Margiana Archaeological Complex (ca. 2300-1700 BCE)
Afghanistan
Diam.(mouth) 8 cm, H. 16 cm, Wt. 230 g

　　用银板锤制的圆筒形杯子，此类杯子在锤制过程中可依据手法技巧进行造型，完美展现几何学之美。在工艺和造型上仍透露着和美索不达米亚、埃兰金属器之间的关联性。

16
—

素面敞口银香炉

巴克特里亚—马尔吉亚纳考古共同体时期（公元前 2300 ~ 前 1700 年）

阿富汗

口径 35.5 厘米，高 14 厘米，重 100 克

Silver Vessel

Bactria–Margiana Archaeological Complex (ca. 2300-1700 BCE)

Afghanistan

Diam.(mouth) 35.5 cm, H. 14 cm, Wt. 100 g

　　此杯状器以银板锤制，素面敞口，杯身逐渐向下收窄。土库曼斯坦纳马兹加墓地出土的同类型器，口沿上有鸟形装饰，据考证为香炉。故推测此杯状器或可作为香炉使用。

鸟纹金香炉，公元前三千纪末至前二千纪初，琥珀金锻造，土库曼斯坦纳马兹加墓地出土，美国大都会艺术博物馆藏

鸟形装饰铜香炉

巴克特里亚—马尔吉亚纳考古共同体时期（公元前 2300 ~ 前 1700 年）
阿富汗
口径 14.5 厘米，高 14 厘米，重 950 克

Copper Alloy Vessel Decorated with Birds

Bactria-Margiana Archaeological Complex (ca. 2300-1700 BCE)
Afghanistan
Diam.(mouth) 14.5 cm, H. 14 cm, Wt. 950 g

　　此器呈杯状，口缘上立有四盘羊及二鸟，腹部饰有一圈花苞状吊饰，柄足，底座以镂空水波纹装饰，造型精巧雅致，应为用于祭祀等场合的香炉。

18
—

动物形装饰铜香炉

巴克特里亚—马尔吉亚纳考古共同体时期

（公元前 2300 ～前 1700 年）

阿富汗

口径 12.5 厘米，高 10 厘米，重 400 克

Copper Alloy Vessel Decorated with Animal Rim

Bactria-Margiana Archaeological Complex (ca. 2300-1700 BCE)

Afghanistan

Diam.(mouth) 12.5 cm, H. 10 cm, Wt. 400 g

　　此器呈杯状，口缘上立有四只盘羊，腹部及柄足饰
各有一圈装饰。应为用于祭祀等场合的香炉。

人物及动物装饰铜器盖

巴克特里亚—马尔吉亚纳考古共同体时期

（公元前 2300 ~ 前 1700 年）

阿富汗或巴克特里亚

宽 13 厘米，长 12 厘米，高 7 厘米，重 600 克

Copper Alloy Lid Decorated with Humans and Animals

Bactria-Margiana Archaeological Complex

(ca. 2300-1700 BCE)

Afghanistan/Bactria

W. 13 cm, D. 12 cm, H. 7 cm, Wt. 600 g

此器应为青铜器顶盖，圆形铜板上装饰有数个鸟类、动物和人类小雕像。中央有一块小山形隆起，顶部盘桓一猛禽，其左右为骑马人像，前方有一疑似守护者的男性人像，呈跪姿，双手各抓握一动物。

鸟形装饰带盖铜壶

巴克特里亚—马尔吉亚纳考古共同体时期（公元前 2300～前 1700 年）
阿富汗或巴克特里亚
口径 10 厘米，高 13.5 厘米，重 400 克

Copper Alloy Vessel Decorated with Birds

Bactria-Margiana Archaeological Complex (ca. 2300-1700 BCE)
Afghanistan/Bactria
Diam.(mouth) 10 cm, H. 13.5 cm, Wt. 400 g

　　带盖壶形器，盖钮处立有一鸟，盖缘有四鸟环绕，腹部饰有一圈花苞状吊饰，部分脱落。此壶形器的尺寸虽小，但装饰细节丰富，或可作为化妆瓶及香水罐使用。

21

几何纹直壁银杯

巴克特里亚—马尔吉亚纳考古共同体时期（公元前 2300～前 1700 年）

阿富汗

口径 12 厘米，高 10.5 厘米，重 190 克

Silver Vessel with Geometric Pattern

Bactria-Margiana Archaeological Complex (ca. 2300-1700 BCE)

Afghanistan

Diam.(mouth) 12 cm, H. 10.5 cm, Wt. 190 g

　　此器是用银板锤揲成的筒形杯，三层几何纹装饰，每一个长方形
内设四个台阶纹饰，是西亚至中亚一带常见的早期通用纹饰，寓意不明。
阿富汗法罗尔丘地（Tepe Fullol）出土有类似纹饰金银器。

阿富汗法罗尔丘地（Tepe Fullol）遗址
出土几何纹金器座，公元前二千纪初，
阿富汗国家博物馆藏

22
——

鱼鳞纹银杯

巴克特里亚—马尔吉亚纳考古共同体时期（公元前 2300～前 1700 年）

阿富汗

口径 7 厘米，高 11.5 厘米，重 80 克

Silver Vessel with Fish Scale Pattern

Bactria–Margiana Archaeological Complex (ca. 2300–1700 BCE)

Afghanistan

Diam.(mouth) 7 cm, H. 11.5 cm, Wt. 80 g

　　此器为用银板锤揲成向上收窄的圆筒形杯，周身满饰鳞纹，应
为对蛇或鱼身上鳞纹进行艺术化加工后的象征表现。

翼龙纹圆筒银杯

巴克特里亚—马尔吉亚纳考古共同体时期（公元前 2300 ~ 前 1700 年）

阿富汗

口径 12 厘米，高 16 厘米，重 130 克

Silver Vessel with Winged-dragon Pattern

Bactria–Margiana Archaeological Complex (ca. 2300-1700 BCE)

Afghanistan

Diam.(mouth) 12 cm, H. 16 cm, Wt. 130 g

  此器用银板锤揲成，呈亚腰状筒形，杯身环绕龙纹（或称蛇纹），有翼人首，龙身刻菱格纹、叶脉纹和短线条纹。此类装饰及造型在西亚及中亚一带较为常见。

24
—

高浮雕山羊纹直壁银杯

巴克特里亚—马尔吉亚纳考古共同体时期（公元前 2300 ~ 前 1700 年）

阿富汗

口径 6.5 厘米，高 6 厘米，重 50 克

Silver Vessel with Goat Design

Bactria-Margiana Archaeological Complex (ca. 2300-1700 BCE)

Afghanistan

Diam.(mouth) 6.5 cm, H. 6 cm, Wt. 50 g

　　此器用银板锤揲而成，以凸棱线条表现山峰并进行空间分割，两
面分别装饰山羊食草及攀岩画面，山羊周身饰有树木。此器工艺精湛，
是体现巴克特里亚—马尔吉亚纳文明体金属工艺高度发达的代表之作。

山羊纹直壁银杯

巴克特里亚—马尔吉亚纳考古共同体时期（公元前 2300 ～前 1700 年）

阿富汗

口径 6.3 厘米，高 5.9 厘米，重 50 克

Silver Vessel with Goat Design

Bactria-Margiana Archaeological Complex (ca. 2300-1700 BCE)

Afghanistan

Diam.(mouth) 6.3 cm, H. 5.9 cm, Wt. 50 g

  此器用银板锤揲而成，杯身下半部分刻画出起伏的山林地势，四羊行走于山间，空白处以低矮植物装点。杯体装饰高浮雕与短线条相结合，生动细致，栩栩如生。

26

狩猎纹银碗

巴克特里亚—马尔吉亚纳考古共同体时期
（公元前 2300～前 1700 年）

阿富汗

口径 11 厘米，高 10 厘米，重 500 克

Silver Vessel with Hunting Scene

Bactria-Margiana Archaeological Complex
(ca. 2300–1700 BCE)

Afghanistan

Diam.(mouth) 11 cm, H. 10 cm, Wt. 500 g

　　此器用银板锤揲而成，器身刻有主人公带领三条狗狩
猎野山羊的场面。因主人公头戴包头巾，两手腕戴有手镯，
可推测此人是一位贵族首领。对面有一人带两犬埋伏于此
等待逃走的山羊。背景描绘了一些低矮植物和因声响惊飞
的小鸟。该展品非常写实地还原了狩猎场景，据推测是为
了彰显首领的伟大，或是为祈祷狩猎成功而作。

化妆容器

　　阿富汗及中亚地区盛行的小型化妆罐，被称作 cohol 瓶，瓶身多为双头斑鱼、牛、马、山羊、猴子等当时常见的动物造型。瓶中加入矿物提炼粉末，用水或油溶解后制成眼部着色剂，用内置的动物造型别针搅拌并辦开，涂在眼睛周围，能有效保护眼睛免受紫外线和蚊虫伤害，不分男女均可使用。

27

骆驼形铜化妆瓶

巴克特里亚—马尔吉亚纳考古共同体时期（公元前 2300 ～前 1700 年）
阿富汗
宽 11.5 厘米，厚 5.8 厘米，高 10 厘米，重 540 克

Copper Alloy Cohol Bottle

Bactria-Margiana Archaeological Complex (ca. 2300-1700 BCE)
Afghanistan
W. 11.5 cm, D. 5.8 cm, H. 10 cm, Wt. 540 g

　　此化妆瓶呈双驼交颈姿态，形态逼真。于驼峰处开设瓶口，应当另有一化妆棒与之配套。

28

牛形铜化妆瓶

巴克特里亚—马尔吉亚纳考古共同体时期

（公元前 2300～前 1700 年）

阿富汗

宽 7.5 厘米，厚 3.5 厘米，高 6 厘米，重 150 克

Copper Alloy Cohol Bottle

Bactria-Margiana Archaeological Complex

(ca. 2300–1700 BCE)

Afghanistan

W. 7.5 cm, D. 3.5 cm, H. 6 cm, Wt. 150 g

　　此牛形化妆瓶整体呈素面，但着力于对牛身体细节
的塑造，包括细腻的面部神态、四肢的关节及肌肉分布
等，虽造型简单但细节丰富。

猿形铜化妆瓶

巴克特里亚—马尔吉亚纳考古共同体时期
（公元前 2300 ~ 前 1700 年）
阿富汗
宽 4.2 厘米，厚 5 厘米，高 7.3 厘米，重 180 克

Copper Alloy Cohol Bottle
Bactria-Margiana Archaeological Complex
(ca. 2300-1700 BCE)
Afghanistan
W. 4.2 cm, D. 5 cm, H. 7.3 cm, Wt. 180 g

　　与常见的自动物背部开口式化妆瓶不同，此瓶为
一单膝跪地状猿猴，背靠一物，疑为树干，自树干上
方开口。构思精巧，引人入胜。

30

牛形铜化妆瓶

巴克特里亚—马尔吉亚纳考古共同体时期

（公元前 2300 ～前 1700 年）

阿富汗

宽 9.6 厘米，厚 3.6 厘米，高 7.6 厘米，重 180 克

Copper Alloy Cohol Bottle

Bactria–Margiana Archaeological Complex
(ca. 2300-1700 BCE)

Afghanistan

W. 9.6 cm, D. 3.6 cm, H. 7.6 cm, Wt. 180 g

　　此瓶从牛背上延伸出细长瓶口，整体造型粗疏，将牛身体拉长，重心压低，腿部缩短的造型利于平稳放置。中亚地区制器常见此类对动物造型进行夸张化处理的现象。

绵羊形铜化妆瓶

巴克特里亚—马尔吉亚纳考古共同体时期

（公元前 2300 ～ 前 1700 年）

阿富汗

宽 7.6 厘米，纵深 2.1 厘米，高 7.2 厘米，重 160 克

Copper Alloy Cohol Bottle

Bactria-Margiana Archaeological Complex

(ca. 2300-1700 BCE)

Afghanistan

W. 7.6 cm, D. 2.1 cm, H. 7.2 cm, Wt. 160 g

　　此化妆瓶为绵羊造型，羊角略向上弯曲，背部开口作为瓶口，作为化妆瓶造型小巧可爱。

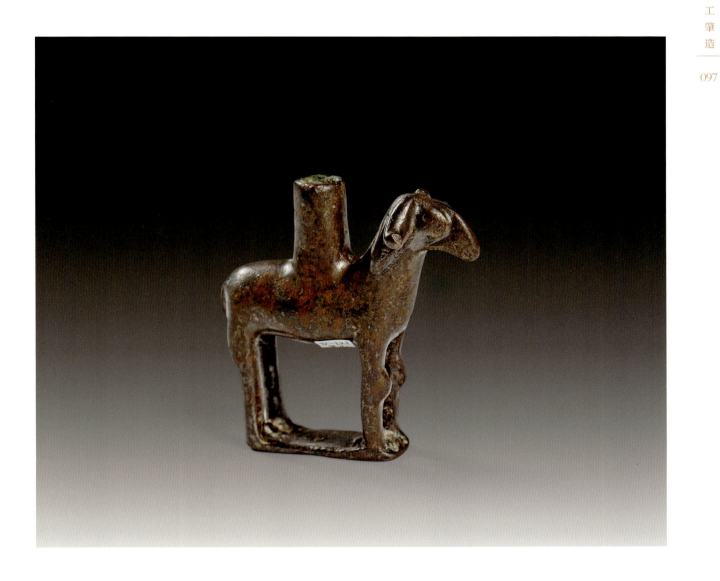

山羊形铜化妆瓶

巴克特里亚—马尔吉亚纳考古共同体时期
（公元前 2300～前 1700 年）

阿富汗

宽 7 厘米，厚 2.7 厘米，高 9 厘米，重 300 克

Copper Alloy Cohol Bottle

Bactria-Margiana Archaeological Complex
(ca. 2300-1700 BCE)

Afghanistan

W. 7 cm, D. 2.7 cm, H. 9 cm, Wt. 300 g

　　此化妆瓶造型为母羊哺乳造型，羊妈妈身下一只
乳羊正在吮吸乳汁，羊妈妈目视另一侧，似乎在进行
警戒，情景生动写实。

33

卧羊形铜化妆瓶

巴克特里亚—马尔吉亚纳考古共同体时期

（公元前 2300 ～前 1700 年）

阿富汗

宽 6 厘米，厚 3 厘米，高 6.5 厘米，重 170 克

Copper Alloy Cohol Bottle

Bactria–Margiana Archaeological Complex

（ca. 2300–1700 BCE）

Afghanistan

W. 6 cm, D. 3 cm, H. 6.5 cm, Wt. 170 g

　　此化妆瓶为卧羊造型，长颈，四足蜷曲，刻意模糊面部细节，着重刻画羊角及羊身体纹路。

铜化妆瓶

巴克特里亚—马尔吉亚纳考古共同体时期

(公元前 2300 ~ 前 1700 年)

阿富汗

直径 4.1 厘米，高 6.9 厘米，重 100 克

Copper Alloy Cohol Bottle

Bactria-Margiana Archaeological Complex
 (ca. 2300–1700 BCE)

Afghanistan

Diam. 4.1 cm, H. 6.9 cm, Wt. 100 g

　　此化妆瓶长颈圆肩向下收窄，并无动物造型，唯肩腹处环绕有两圈几何纹线刻图案，为朴素的器物增添细节。

山羊形铜化妆瓶

巴克特里亚—马尔吉亚纳考古共同体时期

（公元前 2300 ～前 1700 年）

阿富汗

宽 7 厘米，纵深 4.7 厘米，高 10 厘米，重 250 克

Copper Alloy Cohol Bottle

Bactria-Margiana Archaeological Complex
 (ca. 2300-1700 BCE)

Afghanistan

W. 7 cm, D. 4.7 cm, H. 10 cm,Wt. 250 g

    此化妆瓶作山羊造型，羊身整体造型简单，线条质朴不加装饰，
唯羊角拉长向上延伸，是巴克特里亚常见的造型手法。

双羊铜化妆瓶

巴克特里亚—马尔吉亚纳考古共同体时期
（公元前 2300 ～前 1700 年）
阿富汗
宽 6.7 厘米，纵深 5 厘米，高 5.8 厘米，重 500 克

Copper Alloy Cohol Bottle

Bactria–Margiana Archaeological Complex
 (ca. 2300-1700 BCE)
Afghanistan
W. 6.7 cm, D. 5 cm, H. 5.8 cm, Wt. 500 g

此化妆瓶圆腹、重心较低，便于平稳放置。
腹两侧各铸一羊头造型，构造简单朴拙。

三羊铜化妆瓶

巴克特里亚—马尔吉亚纳考古共同体时期
（公元前 2300 ～前 1700 年）
阿富汗
宽 7 厘米，纵深 7 厘米，高 6.7 厘米，
重 260 克

Copper Alloy Cohol Bottle

Bactria-Margiana Archaeological Complex
（ca. 2300-1700 BCE）
Afghanistan
W. 7 cm, D. 7 cm, H. 6.7 cm, Wt. 260 g

　　此化妆瓶将羊身与瓶身融合，均匀分布三羊头作为装饰，羊角放大并经艺术加工，加上三分的布局，为器物增添稳定又华丽的视觉美感。

三山羊铜化妆瓶

巴克特里亚—马尔吉亚纳考古共同体时期（公元前 2300 ～前 1700 年）

阿富汗

宽 6 厘米，纵深 6 厘米，高 7.3 厘米，针长 8.9 厘米，重 140 克

Copper Alloy Cohol Bottle

Bactria-Margiana Archaeological Complex (ca. 2300-1700 BCE)

Afghanistan

W. 6 cm, D. 6 cm, H. 7.3 cm, L.(needle) 8.9 cm, Wt. 140 g

此化妆瓶整体呈长颈球形，腹部以三只小巧的羊头为饰，瓶中插有一化妆棒，顶部同样作羊头造型装饰。

五羊一人铜壶

巴克特里亚—马尔吉亚纳考古共同体时期

（公元前 2300 ~ 前 1700 年）

阿富汗

宽 5.5 厘米，纵深 5 厘米，高 9 厘米，重 280 克

Copper Alloy Cohol Bottle

Bactria-Margiana Archaeological Complex

(ca. 2300-1700 BCE)

Afghanistan

W. 5.5 cm, D. 5 cm, H. 9 cm, Wt. 280 g

　　此化妆瓶整体以狩猎场景装饰，瓶身有三羊（或牛）对称分布，底座上一人二羊均匀拱立，人手持弹弓，似正瞄准其中一只羊。场景生动诙谐，造型对称优美。巴克特里亚的生活用器中常见以各种形态的羊作为装饰，此器尤为生动精彩。

野猪铜化妆瓶

巴克特里亚—马尔吉亚纳考古共同体时期
（公元前 2300 ~ 前 1700 年）
阿富汗
宽 4.8 厘米，纵深 3.4 厘米，高 12.3 厘米，
重 190 克

Copper Alloy Cohol Bottle

Bactria-Margiana Archaeological Complex
(ca. 2300–1700 BCE)
Afghanistan
W. 4.8 cm, D. 3.4 cm, H. 12.3 cm, Wt. 190 g

　　此化妆瓶长颈圆肩向下收窄，肩腹处
有一手状突起，造型奇特。化妆棒上端卧
立一只野猪，造型充满野性力量。

山羊铜化妆瓶

巴克特里亚—马尔吉亚纳考古共同体时期
（公元前 2300 ～前 1700 年）
阿富汗
口径 6 厘米，高 16.2 厘米，重 300 克

Copper Alloy Cohol Bottle

Bactria-Margiana Archaeological Complex
(ca. 2300-1700 BCE)
Afghanistan
Diam.(mouth) 6 cm, H. 16.2 cm, Wt. 300 g

　　此化妆瓶平底长颈，肩部呈碟形，配
有坐姿山羊造型化妆棒，羊头刻意放大，
突出羊角，为典型的巴克特里亚艺术加工
手法。

牧羊人铜化妆瓶

巴克特里亚—马尔吉亚纳考古共同体时期
（公元前 2300 ～前 1700 年）

阿富汗

直径 4 厘米，高 15.5 厘米，针长 12.8 厘米，
重 170 克

Copper Alloy Cohol Bottle

Bactria-Margiana Archaeological Complex
(ca. 2300-1700 BCE)

Afghanistan

Diam. 4 cm, H. 15.5 cm, L.(needle) 12.8 cm, Wt. 170 g

　　此化妆瓶呈素面锥体，装饰造型较为简单。
化妆棒顶部装饰有行走的一人一动物，似为牧
羊场景。

三羊铜化妆瓶

巴克特里亚—马尔吉亚纳考古共同体时期

（公元前 2300 ～前 1700 年）

阿富汗

直径 4.8 厘米，高 16.5 厘米，重 200 克

Copper Alloy Cohol Bottle

Bactria-Margiana Archaeological Complex

(ca. 2300-1700 BCE)

Afghanistan

Diam. 4.8 cm, H. 16.5 cm, Wt. 200 g

　　此化妆瓶肩部装饰三只卧羊，化妆棒顶部装饰有
三只捻角山羊，羊角虬曲向上，形成鼎立的镂空装饰，
成为器物的点睛之笔。

第一单元｜金工肇造

109

羊头装饰铜化妆棒

巴克特里亚—马尔吉亚纳考古共同体时期
（公元前 2300 ~ 前 1700 年）
阿富汗
宽 3.7 厘米，厚 2.1 厘米，高 20.9 厘米，重 30 克

Goat Shaped Copper Alloy Cosmetic Applicator

Bactria-Margiana Archaeological Complex
(ca. 2300-1700 BCE)
Afghanistan
W. 3.7 cm, D. 2.1 cm, H. 20.9 cm, Wt. 30 g

　　化妆棒顶部以夸张的羊头装饰，是巴克特里亚常见的装饰元素，柱体由上至下逐渐变细，整体富有线条美感。

山羊头装饰铜化妆棒

巴克特里亚—马尔吉亚纳考古共同体时期

（公元前 2300 ~ 前 1700 年）

阿富汗

宽 3.1 厘米，厚 2.2 厘米，高 12.9 厘米，重 70 克

Goat Shaped Copper Alloy Cosmetic Applicator

Bactria-Margiana Archaeological Complex
(ca. 2300-1700 BCE)
Afghanistan
W. 3.1 cm, D. 2.2 cm, H. 12.9 cm, Wt. 70 g

　　化妆棒顶部以羊头装饰，羊角向两侧对称弯曲，弱化面部信息。底部稍微加宽，方便搅拌化妆瓶中的眼线膏，并涂抹于眼周。

鹿头装饰铜化妆棒

巴克特里亚—马尔吉亚纳考古共同体时期
（公元前 2300 ~ 前 1700 年）
阿富汗
宽 2 厘米，厚 1.6 厘米，高 18.7 厘米，重 65 克

Deer Shaped Copper Alloy Cosmetic Applicator

Bactria-Margiana Archaeological Complex
 (ca. 2300-1700 BCE)
Afghanistan
W. 2 cm, D. 1.6 cm, H. 18.7 cm, Wt. 65 g

 化妆棒顶部的动物装饰，因风化腐蚀等原因，较难辨识，根据巴克特里亚常见的装饰样式推测，疑为鹿头。

山羊形装饰铜化妆棒

巴克特里亚—马尔吉亚纳考古共同体时期

（公元前 2300 ～前 1700 年）

阿富汗

宽 2.1 厘米，厚 1.1 厘米，高 18.2 厘米，重 30 克

Goat Shaped Copper Alloy Cosmetic Applicator

Bactria-Margiana Archaeological Complex

(ca. 2300-1700 BCE)

Afghanistan

W. 2.1 cm, D. 1.1 cm, H. 18.2 cm, Wt. 30 g

　　化妆棒顶部以立羊装饰，相较于羊头装饰，此羊造型相对简单，着重突出羊的形体。此类立羊装饰在亚欧大陆一带也较为盛行。

48
——

同心圆纹铜手镯

巴克特里亚—马尔吉亚纳考古共同体时期（公元前 2300 ～前 1700 年）

阿富汗

直径 9.9 厘米，高 6 厘米，重 460 克

Copper Alloy Bracelet

Bactria-Margiana Archaeological Complex (ca. 2300-1700 BCE)

Afghanistan

Diam. 9.9 cm, H. 6 cm, Wt. 460 g

　　此手镯由青铜锻造，以抽象化的盘羊头部为装饰，将羊角艺术化为螺旋同心圆，虽古朴简约却具有几何美感，这种几何装饰手法在同时期的器物装饰中颇为常见。以狮子、羊等动物做双兽首不封闭的手镯造型也在西亚、中亚及中国北方草原地区源远流长，通常以贵金属打造，象征权力和财富。

49
—

管銎铜战斧

巴克特里亚—马尔吉亚纳考古共同体时期（公元前 2000 年左右）

阿富汗

宽 17 厘米，厚 2.5 厘米，高 9 厘米，重 550 克

Copper Alloy Ax

Bactria–Margiana Archaeological Complex (ca. 2000 BCE)

Afghanistan

W. 17 cm, D. 2.5 cm, H. 9 cm, Wt. 550 g

　　巴克特里亚的斧头，多为青铜铸造，少数用银器，常使用抽象化的野猪造型，作为武力的象征。一般作为战斗武器使用，也可用于礼仪或祭祀场合。此斧身呈半圆形，柄部有鬃毛形装饰。

50
—

管銎铜战斧

巴克特里亚—马尔吉亚纳考古共同体时期（公元前 2000 年左右）

阿富汗

宽 17 厘米，厚 2.5 厘米，高 11 厘米，重 500 克

Copper Alloy Axe

Bactria-Margiana Archaeological Complex (ca. 2000 BCE)

Afghanistan

W. 17 cm, D. 2.5 cm, H. 11 cm, Wt. 500 g

　　斧身略呈扇形，中间有明显凸棱，銎孔表面有动物眼睛表现，
侧边装饰有三缕鬃毛，推测为对野猪的抽象化造型。

...

51

青铜错银战斧

巴克特里亚—马尔吉亚纳考古共同体时期（公元前 2000 年左右）

阿富汗

宽 17 厘米，厚 2 厘米，高 7 厘米，重 550 克

Copper Alloy Axe

Bactria-Margiana Archaeological Complex (ca. 2000 BCE)

Afghanistan

W. 17 cm, D. 2. cm, H. 7 cm, Wt. 550 g

　　斧身略呈矩形，边缘开孔处象征野猪的眼睛，斧身用银镶嵌出
精美的纹饰与鬃毛，将野猪形象加以抽象几何化，并在青铜斧身上
以白银交错点缀，极具美感。

52
——

管銎铜战斧

巴克特里亚—马尔吉亚纳考古共同体时期（公元前 2000 年左右）

阿富汗

宽 16.5 厘米，厚 2 厘米，高 8 厘米，重 550 克

Copper Alloy Axe

Bactria-Margiana Archaeological Complex (ca. 2000 BCE)

Afghanistan

W. 16.5 cm, D. 2 cm, H. 8 cm, Wt. 550 g

此斧通体素面，造型简约，整体虽不饰装饰，着意于线条的美感。

管銎铜战斧

巴克特里亚—马尔吉亚纳考古共同体时期（公元前 2000 年左右）

阿富汗

宽 15 厘米，厚 2.5 厘米，高 10 厘米，重 300 克

Copper Alloy Axe

Bactria-Margiana Archaeological Complex (ca. 2000 BCE)

Afghanistan

W. 15 cm, D. 2.5 cm, H. 10 cm, Wt. 300 g

　　此斧两面柄中心处雕刻野猪眼睛，斧身边缘有一段造型精细的卷曲鬃毛装饰，加之斧刃艺术性高于实用性，整体造型精致，推测恐非实战武器，应当是作为礼器使用。

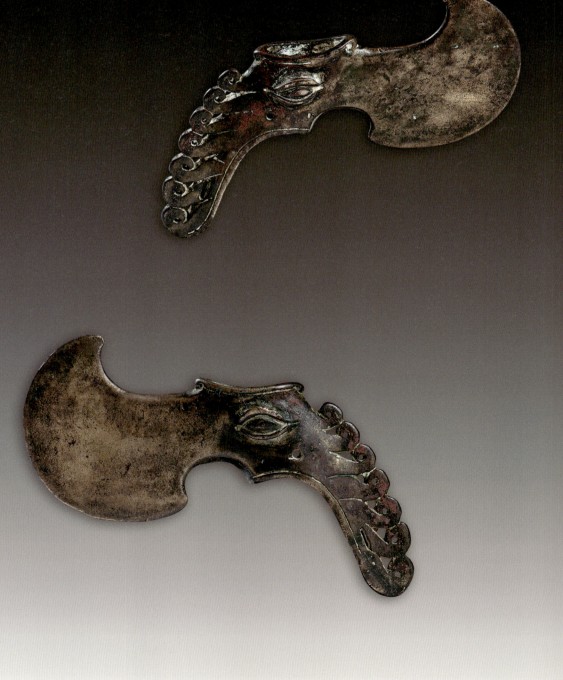

镂空印章

　　巴克特里亚的印章，通过镂空工艺制作出人物和有翼精灵、鹰、猴子、鸟、山羊、蛇、植物纹、几何形等图案，各种图案被认为具有保护财产、驱魔的重要意义。部分印章残存青铜手柄，多数则只剩下印纽。此类印章在巴克特里亚地区多有发现，其用途说法不一，侧面印证了当时蓬勃发展的经济、贸易活动。

54
—

花卉纹锥形铜印章

巴克特里亚—马尔吉亚纳考古共同体时期（公元前 2300 ～前 1700 年）

阿富汗

长 19.3 厘米，宽 2.4 厘米，重 50 克

Copper Alloy Stamp seal

Bactria-Margiana Archaeological Complex (ca. 2300-1700 BCE)

Afghanistan

W. 19.3 cm, D. 2.4 cm, Wt. 50 g

卷草纹铜印章

巴克特里亚—马尔吉亚纳考古共同体时期
（公元前 2300 ~ 前 1700 年）
阿富汗
直径 2.8 厘米，高 2.2 厘米，重 30 克

Copper Alloy Stamp seal

Bactria-Margiana Archaeological Complex
 (ca. 2300-1700 BCE)
Afghanistan
Diam. 2.8 cm, H. 2.2 cm, Wt. 30 g

透雕铜印章

巴克特里亚—马尔吉亚纳考古共同体时期
（公元前 2300 ~ 前 1700 年）
阿富汗
直径 6.4 厘米，高 2.2 厘米，重 40 克

Copper Alloy Stamp seal

Bactria-Margiana Archaeological Complex
(ca. 2300-1700 BCE)
Afghanistan
Diam. 6.4 cm, H. 2.2 cm, Wt. 40 g

花鸟纹透雕铜印章

巴克特里亚—马尔吉亚纳考古共同体时期
（公元前 2300 ～前 1700 年）

阿富汗

直径 6.9 厘米，高 2.6 厘米，重 70 克

Copper Alloy Stamp seal

Bactria-Margiana Archaeological Complex
 (ca. 2300-1700 BCE)

Afghanistan

Diam. 6.9 cm, H. 2.6 cm, Wt. 70 g

58

蛇纹透雕铜印章

巴克特里亚—马尔吉亚纳考古共同体时期
（公元前 2300 ～前 1700 年）

阿富汗

直径 5.9 厘米，高 2 厘米，重 40 克

Copper Alloy Stamp seal

Bactria-Margiana Archaeological Complex
(ca. 2300-1700 BCE)

Afghanistan

Diam. 5.9 cm, H. 2 cm, Wt. 40 g

　　四条蛇尾端相连，依次头腹相接，富有动态美感
与连贯性。

舞人透雕铜印章

巴克特里亚—马尔吉亚纳考古共同体时期
（公元前 2300 ~ 前 1700 年）
阿富汗
直径 5.2 厘米，高 1.6 厘米，重 40 克

Copper Alloy Stamp seal

Bactria–Margiana Archaeological Complex
(ca. 2300-1700 BCE)
Afghanistan
Diam. 5.2 cm, H. 1.6 cm, Wt. 40 g

60
—

几何纹透雕印章

巴克特里亚—马尔吉亚纳考古共同体时期
（公元前 2300 ~ 前 1700 年）
阿富汗
直径 6.9 厘米，高 2 厘米，重 80 克

Copper Alloy Stamp seal

Bactria–Margiana Archaeological Complex
(ca. 2300-1700 BCE)
Afghanistan
Diam. 6.9 cm, H. 2 cm, Wt. 80 g

星纹铜印章

巴克特里亚—马尔吉亚纳考古共同体时期

（公元前 2300 ～前 1700 年）

阿富汗

宽 4.9 厘米，长 5 厘米，高 1.7 厘米，重 50 克

Copper Alloy Stamp seal

Bactria-Margiana Archaeological Complex
(ca. 2300-1700 BCE)
Afghanistan
W. 4.9 cm, D. 5 cm, H. 1.7 cm, Wt. 50 g

四鸟纹透雕铜印章

巴克特里亚—马尔吉亚纳考古共同体时期

（公元前 2300 ～前 1700 年）

阿富汗

直径 6.7 厘米，高 1.6 厘米，重 50 克

Copper Alloy Stamp seal

Bactria-Margiana Archaeological Complex
(ca. 2300-1700 BCE)
Afghanistan
Diam. 6.7 cm, H. 1.6 cm, Wt. 50 g

星纹透雕铜印章

巴克特里亚—马尔吉亚纳考古共同体时期
（公元前 2300 ~ 前 1700 年）

阿富汗

直径 4.8 厘米，高 1.7 厘米，重 30 克

Copper Alloy Stamp seal

Bactria-Margiana Archaeological Complex
(ca. 2300–1700 BCE)

Afghanistan

Diam. 4.8 cm, H. 1.7 cm, Wt. 30 g

星纹透雕铜印章

巴克特里亚—马尔吉亚纳考古共同体时期
（公元前 2300 ~ 前 1700 年）

阿富汗

宽 4.3 厘米，长 4.4 厘米，高 1.4 厘米，重 30 克

Copper Alloy Stamp seal

Bactria-Margiana Archaeological Complex
(ca. 2300–1700 BCE)

Afghanistan

W. 4.3 cm, D. 4.4 cm, H. 1.4 cm, Wt. 30 g

心纹透雕铜印章

巴克特里亚—马尔吉亚纳考古共同体时期

（公元前 2300 ~ 前 1700 年）

阿富汗

宽 5 厘米，长 5.2 厘米，高 1.8 厘米，重 40 克

Copper Alloy Stamp seal

Bactria-Margiana Archaeological Complex

(ca. 2300-1700 BCE)

Afghanistan

W. 5 cm, D. 5.2 cm, H. 1.8 cm, Wt. 40 g

  以四个心形纹饰组成的印章图案，整体近似四叶草形状。此类造型在当地颇为常见。

几何纹透雕铜印章

巴克特里亚—马尔吉亚纳考古共同体时期

（公元前 2300 ~ 前 1700 年）

阿富汗

直径 3 厘米，高 1.3 厘米，重 10 克

Copper Alloy Stamp seal

Bactria-Margiana Archaeological Complex

(ca. 2300-1700 BCE)

Afghanistan

Diam. 3 cm, H. 1.3 cm, Wt. 10 g

  几何纹装饰是巴克特里亚常见的装饰主题，此印章中心并无任何人物与动物造型，全用几何纹造型。

67
—

人物双蛇纹透雕铜印章

巴克特里亚—马尔吉亚纳考古共同体时期
（公元前 2300 ~ 前 1700 年）

阿富汗

宽 5.7 厘米，长 6.1 厘米，高 1.5 厘米，重 40 克

Copper Alloy Stamp seal

Bactria–Margiana Archaeological Complex
(ca. 2300–1700 BCE)

Afghanistan

W. 5.7 cm, D. 6.1 cm, H. 1.5 cm, Wt. 40 g

68
—

一人双兽透雕铜印章

巴克特里亚—马尔吉亚纳考古共同体时期
（公元前 2300 ~ 前 1700 年）

阿富汗

直径 6.7 厘米，高 2.1 厘米，重 60 克

Copper Alloy Stamp seal

Bactria–Margiana Archaeological Complex
(ca. 2300–1700 BCE)

Afghanistan

Diam. 6.7 cm, H. 2.1 cm, Wt. 60 g

　　主神双手叉腹站立，脚下有象征力量的双狮坐骑，可能是伊南娜女神的形象。伊南娜女神的形象在两河流域和中亚地区有广泛的影响力，主司战争与繁殖。

人物纹铜印章

巴克特里亚—马尔吉亚纳考古共同体时期

（公元前 2300 ～前 1700 年）

阿富汗

直径 6.2 厘米，高 1.8 厘米，重 60 克

Copper Alloy Stamp seal

Bactria-Margiana Archaeological Complex

(ca. 2300-1700 BCE)

Afghanistan

Diam. 6.2 cm, H. 1.8 cm, Wt. 60 g

70

长柄红铜镜

巴克特里亚—马尔吉亚纳考古共同体时期
（公元前 2300 ～前 1700 年）
阿富汗
宽 14.4 厘米，厚 0.5 厘米，高 21 厘米，重 1080 克

Copper Alloy Mirror

Bactria-Margiana Archaeological Complex
 (ca. 2300-1700 BCE)
Afghanistan
W. 14.4 cm, D. 0.5 cm, H. 21 cm, Wt. 1080 g

　　此镜镜柄失蜡法浇铸，镜面石范铸。手柄处
有线刻装饰，可以识别出独立铸造后与镜面焊接的
痕迹。

乌尔第三王朝红铜镜，大英博物馆藏

71

长柄红铜镜

巴克特里亚—马尔吉亚纳考古共同体时期（公元前 2300～前 1700 年）

阿富汗

宽 14.3 厘米，厚 2 厘米，高 24.4 厘米，重 650 克

Copper Alloy Mirror

Bactria-Margiana Archaeological Complex (ca. 2300-1700 BCE)

Afghanistan

W. 14.3 cm, D. 2 cm, H. 24.4 cm, Wt. 650 g

　　铜镜是巴克特里亚墓葬中常见的随葬品，一般为人物或棕榈叶造型手柄，也有部分不带手柄。此镜为范铸，通体素面，无特别装饰。

古埃及十八王朝早期铜镜，公元前
1550～前 1458 年，镜面石范铸造，镜柄
失蜡法浇铸，美国大都会艺术博物馆藏

第二单元

金彰华彩

The Radiance of Metalwork

小亚细亚半岛是世界文明诞生地之一。约公元前 1200 年，随着金、银、青铜等金属制造工艺迅猛发展，西亚安纳托利亚地区的赫梯人开始打造铁器，开启了人类社会的铁器时代。此后，兴起于美索不达米亚的亚述帝国、小亚细亚乌拉尔图王国、伊朗高原新埃兰王国和米底王国、卢里斯坦地区和阿契美尼德王朝，均相继发展出各具特色的金属冶炼技术。青铜制作技术更加成熟细腻，种类愈发丰富，装饰尤为华丽突出，实用价值大大增强。

　　The Asia Minor Peninsula, also called Anatolia, is one of the cradles of world civilization. Around 1200 BCE, with the rapid development of metalworking techniques, including gold, silver, and bronze, the Hittites in western Anatolia began forging iron, ushering in the Iron Age of human society. Subsequently, the Assyrian Empire from Mesopotamia, Urartu Kingdom in western Anatolia, the New Elam and Medes kingdoms of the Iranian Plateau, the Luristan region, as well as the Achaemenid Empire all developed distinct metalworking techniques. Bronze crafting techniques became more mature and intricate, with a more diverse variety, and the decorations became particularly ornate and prominent, significantly enhancing the practical value.

新亚述帝国

　　新亚述帝国（约公元前935年～前612年）兴起于美索不达米亚，是亚述第三次复兴所建立的庞大帝国。亚述文化博采西亚诸国之长，其金属加工业远胜于同时代的其他地区，装饰技术也发展迅速，出现了大量贵金属首饰和精美银制盛器。新亚述的金属加工技术和艺术风格不仅在当时辐射至周边地区，也被后来的波斯文明所承袭，影响深远。

　　The Neo-Assyrian Empire (ca. 935-612 BCE), emerged in Mesopotamia and was a massive empire established during the Third Assyrian Revival. Assyrian culture drew from various Western Asian nations, excelling in metalworking far beyond other contemporary regions. Its decorative techniques also advanced rapidly, resulting in a large number of precious metal jewelry and exquisite silverware. The metalworking techniques and artistic styles of the Neo-Assyrian Empire not only influenced the surrounding regions at the time, but also were later inherited by Persian civilization, leaving a profound impact.

铜人物像

新亚述时期（公元前 1000 ~ 前 605 年）
伊朗
宽 5.2 厘米，厚 1.6 厘米，高 10.8 厘米，重 100 克

Copper Alloy Figurine
Neo-Assyrian　（ca. 1000–605 BCE）
Iran
W. 5.2 cm, D. 1.6 cm, H. 10.8 cm, Wt. 100 g

　　裸体女性铜像，双臂展开，肘部弯曲向上抬起。此类人物形象具有一定宗教意义，多置于宗教场合。

人物纹银护身符

新亚述时期（公元前 1000 ~ 前 605 年）

叙利亚

宽 2.7 厘米，厚 0.9 厘米，高 5.5 厘米，重 10 克

Silver Amulet

Neo-Assyrian（ca. 1000-605 BCE）

Syria

W. 2.7 cm, D. 0.9 cm, H. 5.5 cm, Wt. 10 g

　　装饰薄板，银制品，其上常镌刻守护神和祖先雕像等内容，这种形式的护身符在当时非常流行，推断为贴身佩戴的物品。

74

铜神像

新亚述时期（公元前 1000 ~ 前 605 年）

伊拉克

宽 2.3 厘米，厚 2.5 厘米，高 6.8 厘米，重 70 克

Copper Alloy Figurine

Neo-Assyrian（ca. 1000-605 BCE）

Iraq

W. 2.3 cm, D. 2.5 cm, H. 6.8 cm, Wt. 70 g

　　美索不达米亚神话传说中的神明数不胜数，不仅仅存在主宰天地的强力神明，还有众多不知名讳的个人守护神。本作品也是该类型守护神之一，蓄着长须，头戴牛角冠，呈蹲坐姿态。

双兽首装饰银手镯

新亚述时期（公元前 1000 ～前 605 年）
伊朗
宽 9.3 厘米，厚 2.2 厘米，高 7.2 厘米，重 160 克

Silver Bracelet with Animal Head
Neo-Assyrian （ca. 1000–605 BCE）
Iran
W. 9.3 cm, D. 2.2 cm, H. 7.2 cm, Wt. 160 g

　　古代中亚、西亚流行此类双兽首装饰非闭环式手
镯，多以狮子、羊、豹等兽首相对作为装饰，象征着
权力与财富。此类手镯在中国北方草原地区也曾有流
行。此器以白银铸成，造型精致典雅，气势恢宏。

金耳饰

新亚述时期（公元前 1000 ~ 前 605 年）

叙利亚

直径 1.8 厘米，厚 0.5 厘米，重 70 克

Gold Earring

Neo-Assyrian (ca. 1000-605 BCE)

Syria

D. 1.8 cm, H. 0.5 cm, Wt. 70 g

　　此耳饰为黄金范铸而成，呈不规则圆环状，两端较宽，向中间收窄。

金耳饰

新亚述时期（公元前 1000 ~ 前 605 年）

伊拉克

宽 5.3 厘米，厚 2.2 厘米，高 4 厘米，重 35 克；

宽 5.5 厘米，厚 2.2 厘米，高 4 厘米，重 35 克

Gold Earring

Neo-Assyrian (ca. 1000-605 BCE)

Iraq

W. 5.3 cm, D. 2.2 cm, H. 4 cm, Wt. 35 g

W. 5.5 cm, D. 2.2 cm, H. 4 cm, Wt. 35 g

　　此耳饰为黄金范铸，呈不封闭圆环形，中间向两端逐渐变细。作为耳饰使用，实际尺寸偏大，因此制成空心，减少原料使用同时减轻重量。此类贵金属打造的华丽首饰，一般只用于王室及贵族。

阿达德·尼拉里王铭文铜权杖头

新亚述时期（公元前 1000～前 605 年）

伊拉克

宽 5 厘米，厚 5 厘米，高 9 厘米，重 350 克

Scepter Top with Inscription of Adad Nirari

Neo-Assyrian （ca. 1000-605 BCE）

Iraq

W. 5 cm, D. 5 cm, H. 9 cm, Wt. 350 g

青铜权杖头，新亚述帝国（公元前 900～前 700 年左右），尼尼微和巴比伦遗址出土，大英博物馆藏

　　此为权杖顶部装饰。将手柄插入其中，既可以作武器，也可以用于祭祀。以青铜铸造，呈球根状，外表附着铁质，顶部有三个突起。顶部下方镌刻楔形文字："……是他的主人，一切皆奉献给全知之王、亚述之王、阿达德·尼拉里。"阿达德·尼拉里是亚述时代的国王，由于同名的帝王众多，实际属于哪一位帝王并不明确。

青铜棺

新亚述时期（公元前 1000～前 605 年）

中亚

长 116 厘米，宽 31 厘米，高 63 厘米，重 59150 克

Copper Alloy Coffin

Neo-Assyrian (ca. 1000-605 BCE)

Central Asia

W. 116 cm, D. 31 cm, H. 63 cm, Wt. 59150 g

　　盖子的中央有美杜莎的肖像。希腊神话中的美杜莎是一头蛇发的怪女，她会把看到的人全部变成石头，因而受到人们恐惧。但作为反弹灾难的驱魔者，她在建筑物、家具、首饰上被广泛使用。虽然像浴缸一样的青铜棺很少见，但在古代西亚也有出土例证，其构造极其厚重而精巧，大英博物馆即有类似藏品。

伊拉克乌尔墓地出土铜浴缸，后来用作棺材，新亚述时期（公元前 750～前 700 年），红铜锻造，大英博物馆藏

裂瓣纹铜盘

新亚述时期（公元前1000～前605年）
伊拉克
直径19.1厘米，高4厘米，重230克

Copper Alloy Phiale
Neo-Assyrian（ca. 1000-605 BCE）
Iraq
Diam. 19.1 cm, H. 4 cm, Wt. 230 g

本品为用于宴会、祭礼、灌奠仪式等场合的青铜容器。浅口，口缘处略向外翻，敞口处镌刻铭文为："美杜拉雅的儿子，马尔多克·休姆·利布西的儿子，麦多那的物品"，或与器主人身份相关。内部镌刻花瓣纹样，呈放射状分布。中间突起的部分叫作脐（Omphalos）。该种纹饰的器物，西方依希腊文称Phialē，中国学者或取音译，把它叫作"筐罍"或"筐簜"。此类器物起源早、流传广，可由青铜、玻璃、金和银等多种材料制成，在埃及、两河流域、小亚细亚半岛、希腊、罗马等地均很流行，裂瓣纹金银器多采用锤揲工艺，即利用金银等金属的延展性，对其坯料施加压力，使其产生变形以获得所需造型。

此种裂瓣纹器在我国多地均有出土，如临淄西辛战国墓、大云山汉墓均有出土裂瓣纹银豆。广州南越王墓出土银盒，据考证应为西亚地区舶来品，器盖均后刻有铭文，盒盖上的三个银锭形钮座与盒底铜座足为后来焊接，系仿照中国铜盒盖上有三羊立钮、底有圈足的样式改造而成，出土时盒内还有药丸半盒。

乌拉尔图王国

亚述帝国时代，乌拉尔图王国（公元前 900 年～前 500 年左右）在今亚美尼亚兴起。乌拉尔图王国拥有独特的语言文字、宗教等文化，其文化对后来兴起的亚美尼亚文化影响巨大。乌拉尔图冶铁业相当发达，金属工艺颇为先进，出土有大批金、银、铜、铁器。

锤炼打磨的长带状青铜板，其上镌刻着动物、战士、猎人、传说中的神兽、神明等各种形象。青铜板周边镶着一个个小孔，推断这些腰带很可能是缝在布料或皮革上的。腰带两端还附有搭扣。有一说认为这些腰带是王侯将相需要盛装出席时佩戴的，也有人认为是马具或者战车装饰的一部分，推测并不是用于日常佩戴，而是用于重要仪式。

81
——

格里芬鸟纹铜腰带

乌拉尔图王国（公元前 860 ～前 585 年）

土耳其

宽 76 厘米，高 7 厘米，厚 3.6 厘米，重 2900 克

Copper Alloy Belt

Urartu Kingdom (ca. 860-585 BCE)

Turkey

W. 76 cm, D. 7 cm, H. 3.6 cm, Wt. 2900 g

此腰带以三个格里芬主纹饰将整体分隔为四部分，每部分再以连续花叶纹围绕七只格里芬进行装饰。格里芬又称狮鹫兽，是古代西亚到地中海一带广泛流传的神兽，拥有狮子的身体及鹰的头、喙和翅膀。格里芬被视为强大、尊贵的象征，在古埃及、埃兰及古波斯等器物及建筑上被大量使用。

格里芬鸟纹铜腰带纹饰线描图，引自田边胜美、堀晄、
宫下佐江子，石田惠子 1982. Studies in the Urartian
bronze objects from Japanese collection, Bulletin of the
Ancient Orient Museum 古代オリエント博物館紀要 第
4 卷，fig.1, no. 29

格里芬生命树纹铜腰带

乌拉尔图王国（公元前 860 ～前 585 年）

土耳其

长 31 厘米，高 11 厘米，厚 5 厘米，重 440 克

Copper Alloy Belt

Urartu Kingdom (ca. 860-585 BCE)

Turkey

W. 31 cm, D. 11 cm, H. 5 cm, Wt. 440 g

亚述红铜腰带，公元前 1000 ～前 500 年，大英博物馆藏

　　此腰带横向分为三排，每排均装饰有翼兽、格里芬、神树等图案。一侧单独成纵向，装饰有四只翼兽。

格里芬生命树纹铜腰带纹饰线描图　引自 Bulletin of the Ancient Orient Museum Vol. IV（1982），fig.1, no. 33

狩猎纹铜腰带

乌拉尔图王国（公元前 860 ~ 前 585 年）

伊朗

宽 29 厘米，厚 0.8 厘米，高 5.5 厘米，重 400 克

Copper Alloy Belt

Urartu Kingdom (ca. 860-585 BCE)

Iran

W. 29 cm, D. 0.8 cm, H. 5.5 cm, Wt. 400 g

　　此腰带上为八人狩猎场景，最右一人手持弓箭，其
余几人朝向正中的猎物，准备进行围猎。

翼人格里芬铜腰带

乌拉尔图王国（公元前 860～前 585 年）
土耳其
宽 110 厘米，高 9 厘米，重 530 克

Copper Alloy Belt

Urartu Kingdom (ca. 860–585 BCE)
Turkey
W. 110 cm, H. 9 cm, Wt. 530 g

此腰带正面装饰有翼人及格里芬形象，与若干动物。翼人形态各异，有呈拉弓射箭状或手持武器或作朝拜状，纹饰呈纵向分布，并以花叶纹为装饰将每列人兽隔开。

乌拉尔图锻造红铜腰带，公元前 800～前 700 年，
美国大都会艺术博物馆藏

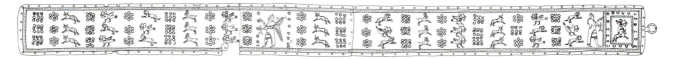

翼人格里芬铜腰带纹饰线描图 引自 Bulletin of the Ancient Orient Museum Vol. IV（1982），fig.1, no. 26

狩猎纹铜腰带

乌拉尔图王国（公元前 860 ~ 前 585 年）

土耳其

长 108.5 厘米，高 13 厘米，重 1000 克

Copper Alloy Belt

Urartu Kingdom (ca. 860-585 BCE)

Turkey

W. 108.5 cm, H. 13 cm, Wt. 1000 g

　　此腰带在薄薄的青铜板上打制出细小的纹样，表面上刻有狩猎纹，共五行，描绘了战士们骑着马或战车，向狮子、山羊、鹿等猎物放箭的情景。从边缘部分的小孔可以看出，是用皮革等物裱褙而成。

狩猎纹铜腰带纹饰线描图　引自 Bulletin of the Ancient Orient Museum Vol. IV（1982），fig.1, no. 25

鱼尾格里芬铜腰带饰件

乌拉尔图王国（公元前 860 ～前 585 年）

土耳其

宽 7.5 厘米，厚 1 厘米，高 6 厘米，重 10 克；

宽 8.0 厘米，厚 1 厘米，高 7 厘米，重 10 克

Copper Alloy Eagle-shaped Belt Ornament

Urartu Kingdom (ca. 860-585 BCE)

Turkey

W. 7.5 cm, D. 1 cm, H. 6 cm, Wt. 10 g;

W. 8.0 cm, D. 1 cm, H. 7 cm, Wt. 10 g

乌拉尔图青铜鱼尾格里芬饰件，公元前
8 ～前 7 世纪，美国大都会艺术博物馆藏

青铜鸟形带扣一对，应为鱼尾格里芬造型。羽毛
刻画生动具体，鸟腿向后伸展，表现出飞翔状态。整
体颇具质感。

铜装饰板

乌拉尔图王国（公元前 860～前 585 年）

土耳其

宽 17 厘米，高 25 厘米，重 260 克

Copper Alloy Panel

Urartu Kingdom (ca. 860–585 BCE)

Turkey

W. 17 cm, H. 25 cm, Wt. 260 g

　　此装饰板呈不规则类扇形，上下边缘嵌有圆环，顶部刻有一位站在公牛背上的有翼神人形象，或为风暴之神特舍巴。

铜装饰板

乌拉尔图王国（公元前 860～前 585 年）

土耳其

宽 22.4 厘米，厚 2 厘米，高 24.1 厘米，重 500 克

Copper Alloy Panel

Urartu Kingdom (ca. 860-585 BCE)

Turkey

W. 22.4 cm, D. 2 cm, H. 24.1 cm, Wt. 500 g

　　锤炼打磨青铜薄板，将神像、神兽、动物还有仪式场景等内容镌刻其上。铜板周围镶有小孔，推断可以被固定在木板等处，用于缴纳贡品，或者作为祭祀用品使用。顶部同样刻有风暴之神特舍巴的形象。

翼神铜装饰板

乌拉尔图王国（公元前 860 ~ 前 585 年）

土耳其

宽 7 厘米，高 10.6 厘米，重 70 克

Copper Alloy Panel

Urartu Kingdom (ca. 860-585 BCE)

Turkey

W. 7 cm, H. 10.6 cm, Wt. 70 g

    镌刻着一位男性神明形象，该神身披长袍，头戴冠冕。他背负一个长条状物体，疑似箭筒或者羽翼之类。

翼神铜装饰板纹饰线描图，引自 Bulletin of the Ancient Orient Museum Vol. IV（1982），pl. XLI no.79

91
—

双狮纹铜牌饰

乌拉尔图王国（公元前 860 ～前 585 年）

伊朗

宽 17.0 厘米，高 8 厘米，重 70 克；

宽 16.5 厘米，高 8 厘米，重 70 克

Copper Alloy Panel with Lion Pattern

Urartu Kingdom (ca. 860-585 BCE)

Iran

W. 17.0 cm, H. 8 cm, Wt. 70 g;

W. 16.5 cm, H. 8 cm, Wt. 70 g

　　正面装饰双狮图案，象征王权与力量。一侧镶有小孔，一侧镶有把手。推断可以被固定在木板等处，作为装饰，或用于缴纳贡品及作为祭祀用品使用。

铜头盔

乌拉尔图王国（公元前 860 ~ 前 585 年）
土耳其
高 28 厘米，底径 23.9 厘米，重 1100 克

Copper Alloy Helmet

Urartu Kingdom (ca. 860-585 BCE)
Turkey
H. 28 cm, Diam. 23.9 cm, Wt. 1100 g

　　锥形头盔，底部环绕蛇形装饰，正面
两侧刻有公牛角，在其文化传统中寓意神明
庇佑、权威与力量。

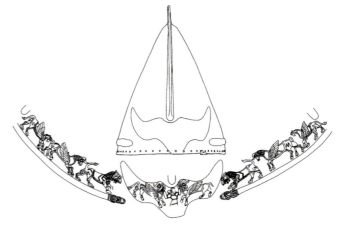

铜头盔纹饰线描图，引自 Bulletin of the Ancient Orient
Museum Vol. IV（1982），fig.2, no.7

乌拉尔图青铜头盔，公元前 9 世纪左右，
美国大都会艺术博物馆藏

楔形文字铜当卢

乌拉尔图王国（公元前 860 ～前 585 年）

土耳其

宽 17.3 厘米，高 9 厘米，重 100 克；

宽 17.3 厘米，高 8 厘米，重 100 克

Copper Alloy Horse-harness

Urartu Kingdom (ca. 860-585 BCE)

Turkey

W. 17.3 cm, H. 9 cm, Wt. 100 g;

W. 17.3 cm, H. 8 cm, Wt. 100 g

在与新亚述王国争夺霸权的过程中，乌拉尔图王国由于大量使用马匹，生产有众多马具。此当卢刻有楔形文字，没有图案花纹的一侧写着"梅努亚（Menua）所有"，梅努亚是乌拉尔图第三代国王（约公元前 810 ～前 786 年在位）。另一侧镌刻着棕榈纹样，并刻有"阿尔吉什提（Argisti）所有"。但由于乌拉尔图的两任国君阿尔吉什提一世和阿尔吉什提二世重名，因此无法明确此处具体指代哪一位。阿尔吉什提一世是梅努亚之子，约公元前 786 ～前 764 年在位；阿尔吉什提二世约公元前 714 ～前 680 年在位。

95
—

神像铜当卢

乌拉尔图王国（公元前 860～前 585 年）

土耳其

宽 9.5 厘米，厚 1.1 厘米，高 16.1 厘米，重 220 克

Copper Alloy Horse-harness

Urartu Kingdom (ca. 860-585 BCE)

Turkey

W. 9.5 cm, D. 1.1 cm, H. 16.1 cm, Wt. 220 g

　　风暴之神特舍巴常常表现为骑着公牛的凛然雄姿。所以推测此
当卢上镌刻为风暴之神特舍巴形象，其在乌拉尔图被与战神哈尔迪、
太阳之神希维尼合称为三大主神。

96
—

提手铜容器

乌拉尔图王国（公元前 860 ~ 前 585 年）

土耳其

直径 10 厘米，高 17.5 厘米，重 350 克

Copper Alloy Situla

Urartu Kingdom (ca. 860–585 BCE)

Turkey

Diam. 10 cm, H. 17.5 cm, Wt. 350 g

　　铜制桶状容器，敞口边缘处衔接半环形提手。躯干部分呈圆柱形，中央部分稍稍向内收紧，提手底部刻有铭文，推测该容器用于祭祀仪式。

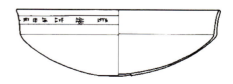

97
—

楔形文字铜钵

乌拉尔图王国（公元前 860 ~ 前 585 年）

土耳其

直径 14.6 厘米，高 4.9 厘米，重 250 克

Copper Alloy Bowl

Urartu Kingdom (ca. 860-585 BCE)

Turkey

Diam. 14.6 cm, H. 4.9 cm, Wt. 250 g

　　敞口边缘镌刻楔形文字，上面刻有伊什普伊尼
（Išpuini）的字样。伊什普伊尼是乌拉尔图国王（约
公元前 830 ~ 前 810 年在位），在位期间，征战扩张
了乌拉尔图的版图，将领土扩张至乌尔米亚湖以南。

楔形文字铜钵纹饰线描图，引自 Bulletin of the Ancient Orient Museum Vol. IV（1982），pl. IV no.4

楔形文字铜钵

乌拉尔图王国（公元前 860 ～前 585 年）
土耳其
横径 17.3 厘米，纵径 15.4 厘米，高 4.7 厘米，重 200 克

Copper Alloy Bowl
Urartu Kingdom (ca. 860-585 BCE)
Turkey
W. 17.3 cm, D. 15.4 cm, H. 4.7 cm, Wt. 200 g

　　内部环状镌刻楔形文字铭文，上书"梅努亚的物品"。
梅努亚（Menua）是伊什普伊尼国王的儿子，同样也是
乌拉尔图的国王（公元前 810 年～前 786 年在位）。据记
载，在他统治下的乌拉尔图王国成长为能与亚述帝国分庭
抗礼的东方大国。

楔形文字铜钵

乌拉尔图王国（公元前 860 ～前 585 年）
土耳其
直径 17 厘米，高 4.7 厘米，重 200 克

Copper Alloy Bowl
Urartu Kingdom (ca. 860-585 BCE)
Turkey
Diam. 17 cm, H. 4.7 cm, Wt. 200 g

内部环状镌刻着楔形文字铭文，上书"伊什普伊尼的物品"。

100

双牛头铜釜

乌拉尔图王国（公元前 860 ~ 前 585 年）

土耳其

直径 30.5 厘米，高 21.5 厘米，重 1450 克

Copper Alloy Container with Bull-head Handle

Urartu Kingdom (ca. 860-585 BCE)

Turkey

Diam. 30.5 cm, H. 21.5 cm, Wt. 1450 g

　　此器是典型的乌拉尔图青铜器——青铜釜。原来应该
有一个较大的底座，现已遗失。敞口处装饰有两只公牛头。
此类青铜釜常被用于祭祀，或作为殉葬品埋藏在墓穴中。
在意大利（伊特鲁里亚）也出土了同类型青铜釜，希腊也
有类似的仿制品，由此可见乌拉尔图的文化影响之深远。

101

狩猎纹鎏金铜车軎

乌拉尔图王国（公元前 860 ~ 前 585 年）

土耳其

横径 4.4 厘米，纵径 6 厘米，高 15.3 厘米，重 290 克

Copper Alloy Component of Spoke

Urartu Kingdom (ca. 860-585 BCE)

Turkey

W. 4.4 cm, D. 6 cm, H. 15.3 cm, Wt. 290 g

车軎为古代用于固定马车车轮的金属配件。公元前 2000 年左右，带有辐条的车轮出现，并在战场被广泛使用。该金属配件安装在辐条中心，用来固定战车车轮，其上镌刻着掌管风暴和雷电的天气之神特舍巴骑在公牛背上的雄姿。侧面还刻有神兽行军、国王名讳等，说明该战车隶属于国王的军队。

狩猎纹鎏金铜车軎 纹饰线描图，引自 Bulletin of the Ancient Orient Museum Vol. IV（1982），pl. VIII-IX no.9

圆花饰铜车軎

乌拉尔图王国（公元前 860～前 585 年）

土耳其

直径 3.2 厘米，高 5.3 厘米，重 100 克

Copper Alloy Component of Spoke

Urartu Kingdom (ca. 860-585 BCE)

Turkey

Diam. 3.2 cm, H. 5.3 cm, Wt. 100 g

莲花纹铜车軎纹饰线描图，引自 Bulletin of the Ancient Orient
Museum Vol. IV（1982），pl. XII no.14

103

莲花纹铜车軎

乌拉尔图王国（公元前 860 ~ 前 585 年）

土耳其

直径 5.6 厘米，高 16.7 厘米，重 300 克

Copper Alloy Component of Spoke

Urartu Kingdom (ca. 860-585 BCE)

Turkey

Diam. 5.6 cm, H. 16.7 cm, Wt. 300 g

　　外壁镌刻楔形文字，意为"属于梅努亚的物品"，说明此车軎为乌拉尔图王国第三代国王梅努亚（公元前 810 ~ 前 786 年左右）所有。

斯芬克斯铜像

乌拉尔图王国（公元前 860 ～前 585 年）

土耳其

宽 4.5 厘米，厚 1.9 厘米，高 5.9 厘米，重 150 克

Copper Alloy Sphinx

Urartu Kingdom (ca. 860-585 BCE)

Turkey

W. 4.5 cm, D. 1.9 cm, H. 5.9 cm, Wt. 150 g

 斯芬克斯为神话传说中的狮身人面兽，自古以来就广为流传。斯芬克斯在埃及神话中是王室权威的象征，它有着男性的面容以及雄狮的躯干；而在希腊神话中，斯芬克斯则为雌性，女性上半身之下是长有巨大双翼的狮身。她坐在悬崖边上，向过路的行人提问谜语，答不上来的人会被她扔下悬崖，因此被人们畏惧。她的形象经常被用作护身符或墓地守护者，以驱魔辟邪。此外，在土耳其和西亚，斯芬克斯的形象自古就出现在王宫、神殿等的立柱、壁画以及日常用品之上，因其象征权威、能够驱魔辟邪而备受推崇。

赫梯斯芬克斯青铜饰件，公元前 8 世纪，美国大都会艺术博物馆藏

雄狮装饰银别针

乌拉尔图王国（公元前 860～前 585 年）

土耳其

宽 1.4 厘米，厚 1.1 厘米，高 7.9 厘米，重 120 克

Copper Alloy Pin

Urartu Kingdom (ca. 860-585 BCE)

Turkey

W. 1.4 cm, D. 1.1 cm, H. 7.9 cm, Wt. 120 g

银质别针，针头处刻有两头雄狮作为装饰。

乌拉尔图三鹰头银别针，公元前 7 世纪，美国大都会艺术博物馆藏

新埃兰和米底王国
The Neo-Elamite and Medes

　　埃兰位于今伊朗胡齐斯坦省，是伊朗高原古文明发源地之一，可分为古埃兰时期（公元前2700～前1600年）、中埃兰时期（公元前1400～前1100年）和新埃兰时期（公元前800～前600年）。伊朗高原丰富的矿产资源为埃兰金属加工业的发展提供了有利的先决条件，使其金属加工业更为普遍，风格更为多元，技艺也更加成熟。

　　米底王国（约公元前700～前550年）为古代伊朗王国。其艺术主要吸收斯基泰人的风格，装饰性较强，尤以银器最为著名。米底银器以经过艺术加工的动物造型，辅以锤揲和雕刻等技术表现线条和几何图案，观赏性极佳。

Elamite, located in the Khuzestan Province of Iran today, was one of the cradles of ancient civilizations on the Iranian Plateau. It can be divided into three periods: Old Elamite period (ca. 2700-1600 BCE), Middle Elamite period (ca. 1400-1100 BCE), and Neo-Elamite (ca. 800-600 BCE). The rich mineral resources on the Iranian Plateau provided favorable prerequisites for the development of Elamtie's metalworking industry, making it more widespread, diverse in style, and more mature in craftsmanship.

The Medes (ca. 700 BCE-550 BCE) was an ancient Iranian kingdom. Its art was primarily influenced by the Scythian style, with strong decorative properties. Silverware was particularly famous in Medes. Median silverware featured decorative animal motifs , along with techniques such as hammering and carving to depict lines and geometric patterns, making it highly ornamental.

人物装饰纺车铜部件

中埃兰时期（公元 1400 ～前 1100 年）

伊朗

宽 7 厘米，厚 2.5 厘米，高 13 厘米，重 300 克

Copper Alloy Spinning Wheel Component

Middle Elamite (ca. 1400-1100 BCE)

Iran

W. 7 cm, D. 2.5 cm, H. 13 cm, Wt. 300 g

　　此器底端装有滑轮，推断可能是纺车等织机的零件。在滑轮之上，两位手持类似乐器的人物并排站立，头上相连形成吊环。由于造型精巧细致，可能并非实用器，而为用于宗教礼仪的道具。

双人青铜滑轮，公元前 2000 ～前 1600 年，
美国大都会艺术博物馆藏

107
—

裂瓣纹银钵

新埃兰王国（公元前 800 ～前 600 年）

伊朗

直径 18 厘米，高 8 厘米，重 550 克

Silver Bowl

Neo-Elamite (ca. 800-600 BCE)

Iran

Diam. 18 cm, H. 8 cm, Wt. 550 g

　　敞口，颈部刻有成组弦纹，下半部分以锤揲工艺打造出裂瓣纹
装饰，工艺细腻，精巧华丽。

裂瓣纹铜钵

新埃兰王国（公元前 800～前 600 年）
伊朗
直径 21 厘米，高 10 厘米，重 530 克

Copper Alloy Bowl

Neo-Elamite (ca. 800–600 BCE)
Iran
Diam. 21 cm, H. 10 cm, Wt. 530 g

敞口，钵身以锤揲形成的放大裂瓣纹装饰，造型独特。

丝路留金

亚洲文明古国冶金艺术

176

埃兰文裂瓣纹银盘

新埃兰王国（公元前 800～前 600 年）
伊朗
直径 29.5 厘米，高 5.5 厘米，重 970 克

Silver Phiale (Plate)
Neo-Elamite (ca. 800-600 BCE)
Iran
Diam. 29.5 cm, H. 5.5 cm, Wt. 970 g

　　底盘中心向上凸起，四周及盘底以锤揲工艺制造出多层花瓣造型，铺满盘底。用料厚重，造型精致细腻。

110

瓜棱纹银盘

新埃兰王国（公元前 800 ~ 前 600 年）
伊朗
直径 19.5 厘米，高 5 厘米，重 340 克

Silver Phiale (Plate)
Neo-Elamite (ca. 800–600 BCE)
Iran
Diam. 19.5 cm, H. 5 cm, Wt. 340 g

　　底盘中心向上凸起，四周围绕圆心锤揲成呈放射状棱纹。

111
——

新埃兰文蜂窝纹银壶

新埃兰王国（公元前 800 ～前 600 年）

伊朗

直径 15 厘米，高 15 厘米，重 470 克

Silver Pot

Neo-Elamite (ca. 800-600 BCE)

Iran

Diam. 15 cm, H. 15 cm, Wt. 470 g

　　壶身均匀分布有锤揲而成的内凹孔，敞口处刻有楔形文字（新埃兰文）铭文："Unsak，将军 (?)，Umba-dudu 的儿子……"

新埃兰文尖底银杯

新埃兰王国（公元前 800 ~ 前 600 年）
伊朗
直径 12.5 厘米，高 12.5 厘米，重 370 克

Silver Cup
Neo-Elamite (ca. 800-600 BCE)
Iran
Diam. 12.5 cm, H. 12.5 cm, Wt. 370 g

　　银杯，素面尖底，使用时需以特定支架支撑，此杯上腹处有一圈磨痕，应当即为支架支撑所致。敞口处刻有用楔形文字书写的铭文，意义不明。

羊头装饰铜手镯

米底王国（公元前 700～前 550 年）

伊朗

长 6.5 厘米，宽 6.9 厘米，厚 1.4 厘米，重 100 克

Copper Alloy Bracelet

Medes (ca. 700-550 BCE)

Iran

W. 6.5 cm, D. 6.9 cm, H. 1.4 cm, Wt. 100 g

　　由狮子、豹、山羊和绵羊等动物头部装饰的手镯在古代中亚和西亚非常流行，一般由金、银和青铜等材料制成。当时的动物既是珍贵食物，同时也是拥有超人力量、令人敬畏的存在。用兽首进行装饰的饰品，不仅仅用于打扮，更是一种护身符，被认为具有保护所有者，赋予其权力和威严的作用。

古波斯帝国
The Ancient Persian Empire

公元前 2000 年末，波斯人从北高加索南迁伊朗高原，先后在埃兰、亚述、米底等王国统治之下。公元前 550 年，波斯人在居鲁士二世的领导下灭亡了米底王国，建立了人类历史上第一个横跨欧亚北非的帝国——波斯帝国（公元前 550～前 330 年），又称阿契美尼德王朝。波斯帝国的艺术兼容并包，既继承了埃兰、米底和亚述、巴比伦的艺术风格，也吸收了埃及、希腊的表现手法，以华丽的装饰风格、精细的工艺技巧和丰富的象征意义而闻名。古波斯文明对人类文明发展产生了重大影响，是东西方文明的主要来源之一。

Around the end of 2000 BCE, the Persians migrated southward from the North Caucasus to the Iranian Plateau, and were eventually ruled by various kingdoms like Elamtie, Assyria, and Medes. In 550 BCE, the Persians, led by Cyrus II, conquered the Medes and established the first empire in human history to span across Europe, Asia, and North Africa, known as the Persian Empire (550 BCE - 330 BCE), also called the Achaemenid Empire. The art of the Persian Empire was eclectic, inheriting styles from Elamtie, Medes, Assyria, and Babylon, while also incorporating techniques from ancient Egypt and Greece. It is famous for its elaborate decorative styles, exquisite craftsmanship, and rich symbolic meanings. Ancient Persian civilization had a significant impact on the development of human civilization and was one of the main sources of Eastern and Western civilizations.

卢里斯坦青铜器

　　1920 年起，伊朗东扎格罗斯山哈尔辛、霍拉马巴德、阿里什塔尔，尤其是锡亚勒克丘等地古墓遭大肆盗掘，出土了大批青铜器，后流散至世界各大博物馆和个人，这批青铜器被学界称为"卢里斯坦青铜器"，被认为是早期铁器时代波斯祖先的遗物，年代大致在公元前 1000～前 650 年。这批青铜器主要有车饰、马具、武器、容器、首饰等，尤以动物纹样及风格化的神像和人物装饰最为突出。

114

翼牛纹铜容器

卢里斯坦青铜器（公元前 1000～前 650 年）
伊朗
直径 6 厘米，高 15.8 厘米，重 110 克

Copper Alloy Situlas with Bull Design
Luristan Bronzes (ca. 1000–650 BCE)
Iran
Diam. 6 cm, H. 15.8 cm, Wt. 110 g

　　失蜡法浇铸的圆柱形容器，原应为带有把手的小型水壶，用于祭祀仪式。侧面有一对生有巨大羽翼的公牛，呈面对面的姿态。此物与从伊朗和卢里斯坦地区出土的文物类似，但据考证应为巴比伦的产物，流通于伊朗西部。

卢里斯坦青铜器，公元前 10 世纪，新巴比伦遗址出土，大英博物馆藏

长流银壶

卢里斯坦青铜器（公元前 1000 ～前 650 年）
伊朗
宽 18.9 厘米，纵深 7 厘米，高 8.9 厘米，重 420 克

Silver Long-spouted Pot
Luristan Bronzes (ca. 1000-650 BCE)
Iran
W. 18.9 cm, D. 7 cm, H. 8.9 cm, Wt. 420 g

卢里斯坦长流铜器，红铜锻造，大英博物馆藏

　　球形壶，从其颈部处延伸出一长条壶嘴。以形似连珠图案的圆形装饰物突出了熔接壶嘴部分的铆钉，各个部位都是分开制作后再进行熔接。卢里斯坦地区的墓穴中出土有类似的青铜容器，推断其用于祭祀典礼。

115

山羊纹单耳银杯

卢里斯坦青铜器（公元前 1000 ~ 前 650 年）

伊朗

直径 15.5 厘米，高 12.5 厘米，重 460 克

Silver Goblet with Handle

Luristan Bronzes (ca. 1000–650 BCE)

Iran

Diam. 15.5 cm, H. 12.5 cm, Wt. 460 g

　　银制酒杯，带有较大手柄和足座。此杯各部分分开打造，再组合成整体，杯体部分通过压花及錾刻工艺刻画着数只山羊。

长流铜壶

卢里斯坦青铜器（公元前 1000～前 650 年）

伊朗

宽 29.5 厘米，纵深 12.5 厘米，高 15 厘米，重 500 克

Copper Alloy Long-spouted Pot

Luristan Bronzes (ca. 1000–650 BCE)

Iran

W. 29.5 cm, D. 12.5 cm, H. 15 cm, Wt. 500 g

长流陶壶，公元前 900～前 700 年，
伊朗锡亚勒克丘遗址（Tepe Sialk）
出土，美国大都会艺术博物馆藏

神兽装饰铜祭器

卢里斯坦青铜器（公元前 1000～前 650 年）

伊朗

宽 6 厘米，厚 4.5 厘米，高 32.5 厘米，重 380 克

Copper Alloy Sacrificial Utensil

Luristan Bronzes (ca. 1000–650 BCE)

Iran

W. 6 cm, D. 4.5 cm, H. 32.5 cm, Wt. 380 g

　　一人（神）双兽造型是卢里斯坦地区最著名的母题——"主人驭兽"，一般造型为主人立于正中，头戴冠，双手各擒一神兽，周围有少量神兽装饰。下方中空，推断可插在杆子或者基台上用于祭祀仪式。

卢里斯坦青铜器，公元前 8 世纪，
美国大都会艺术博物馆藏

神兽装饰铜祭器

卢里斯坦青铜器（公元前 1000 ~ 前 650 年）

伊朗

宽 6.2 厘米，厚 2.5 厘米，高 35.5 厘米，重 350 克

Copper Alloy Master-of-Animals Sacrificial Utensil

Luristan Bronzes (ca. 1000–650 BCE)

Iran

W. 6.2 cm, D. 2.5 cm, H. 35.5 cm, Wt. 350 g

神兽装饰铜祭器

卢里斯坦青铜器（公元前 1000 ～前 650 年）

伊朗

宽 7.2 厘米，厚 2.5 厘米，高 18.5 厘米，重 300 克

Copper Alloy Master-of-Animals Sacrificial Utensil

Luristan Bronzes (ca. 1000-650 BCE)

Iran

W. 7.2 cm, D. 2.5 cm, H. 18.5 cm, Wt. 300 g

  此器主人骑在牛上，以三个人面相叠，肩部各有两牛头，双手张开擒住两侧的神兽。下方中空，推断可插在杆子或者基台上用于祭祀仪式。

双羊纹装饰铜祭器

卢里斯坦青铜器（公元前 1000 ~ 前 650 年）

伊朗

宽 7 厘米，厚 3.5 厘米，高 18 厘米，重 100 克

Copper Alloy Master-of-Animals Sacrificial Utensil

Luristan Bronzes (ca. 1000-650 BCE)

Iran

W. 7 cm, D. 3.5 cm, H. 18 cm, Wt. 100 g

两只山羊面对面，身体抽象化为长条形曲线，前蹄
相交形成环形用于放置铜针。

双羊纹铜饰件

卢里斯坦青铜器（公元前 1000 ~ 前 650 年）

伊朗

宽 10 厘米，厚 1.8 厘米，高 23 厘米，重 340 克

Copper Alloy Sacrificial Utensil

Luristan Bronzes (ca. 1000-650 BCE)

Iran

W. 10 cm, D. 1.8 cm, H. 23 cm, Wt. 340 g

　　两只公羊面对面伏在杆子中间，身体抽象化为细长条形。每只公羊下部有一只小羊及一犬类动物，造型虽抽象却极具线条美感。

猎羊纹装饰铜插件

卢里斯坦青铜器（公元前 1000 ～前 650 年）

阿富汗

宽 4 厘米，厚 0.8 厘米，高 19.7 厘米，重 90 克

Copper Alloy Sacrificial Utensil

Luristan Bronzes (ca. 1000-650 BCE)

Afghanistan

W. 4 cm, D. 0.8 cm, H. 19.7 cm, Wt. 90 g

　　顶部一羊站立在一棵棕榈树旁，正在啃食树叶，猎人躲藏在树后拉弓欲射。此器顶部装饰虽小，但场景逼真，生动形象。但此物形制稍小，或为与化妆容器组合使用的化妆棒。

铜鹿吊坠装饰

卢里斯坦青铜器（公元前 1000 ～前 650 年）

伊朗

宽 7.2 厘米，厚 4.9 厘米，高 8.3 厘米，重 130 克

Copper Alloy Stag Pendant

Luristan Bronzes (ca. 1000-650 BCE)

Iran

W. 7.2 cm, D. 4.9 cm, H. 8.3 cm, Wt. 130 g

　　模式化制造的雄鹿铜像，侧重突出雄鹿的巨角。根据背部所附圆环，推断此物为护身符，方便随身佩戴。与山羊等动物不同，鹿没有被作为家畜驯养，并且不论东方还是西方都认为鹿是神兽，巨大鹿角象征着强大力量，特别是每年重新生出的巨角，作为坚强、复活和长生不老的象征而被赋予神圣意涵。

铜鹿吊坠装饰

卢里斯坦青铜器（公元前 1000 ～前 650 年）

伊朗

宽 9.8 厘米，厚 4.8 厘米，高 11.1 厘米，重 300 克

Copper Alloy Stag Pendant

Luristan Bronzes (ca. 1000–650 BCE)

Iran

W. 9.8 cm, D. 4.8 cm, H. 11.1 cm, Wt. 300 g

126

铜鹿吊坠装饰

卢里斯坦青铜器（公元前 1000 ～前 650 年）

伊朗

宽 7.4 厘米，厚 3.2 厘米，高 7.1 厘米，重 100 克

Copper Alloy Stag Pendant

Luristan Bronzes (ca. 1000–650 BCE)

Iran

W. 7.4 cm, D. 3.2 cm, H. 7.1 cm, Wt. 100 g

翼兽装饰铜发簪

卢里斯坦青铜器（公元前 1000 ~ 前 650 年）

伊朗

宽 5.4 厘米，厚 0.8 厘米，高 14.1 厘米，重 50 克

Copper Alloy Pin

Luristan Bronzes (ca. 1000-650 BCE)

Iran

W. 5.4 cm, D. 0.8 cm, H. 14.1 cm, Wt. 50 g

装饰用发簪，其顶部盘旋一头带翼神兽，头部
长角，耳朵较大。柄身还点缀着两个螺旋状花纹。

卢里斯坦青铜格里芬发簪，公元前 1000 ~ 前 500 年，
大英博物馆藏

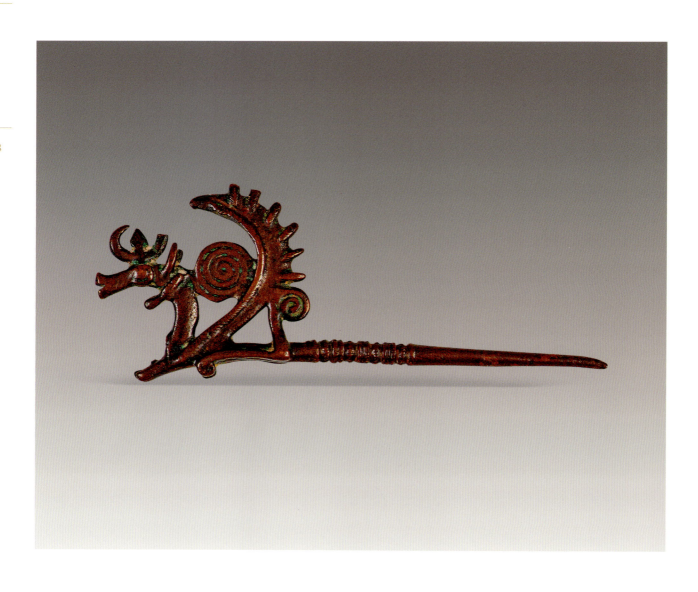

马形装饰铜发簪（头部）

卢里斯坦青铜器（公元前 1000 ～前 650 年）

伊朗

宽 6.7 厘米，厚 1.3 厘米，高 4.8 厘米，重 130 克

Copper Alloy Pin

Luristan Bronzes (ca. 1000-650 BCE)

Iran

W. 6.7 cm, D. 1.3 cm, H. 4.8 cm, Wt. 130 g

　　铜制发簪的头部，呈马匹形态，较为样式化，
簪柄部分缺失。

卢里斯坦青铜卧马发簪头，公元前
1000 ～前 700 年，大英博物馆藏

129

人手形铜扣针

卢里斯坦青铜器（公元前 1000 ~ 前 650 年）

伊朗

宽 11.5 厘米，厚 1.5 厘米，高 5 厘米，重 100 克

Copper Alloy Fibula/Brooch

Luristan Bronzes (ca. 1000-650 BCE)

Iran

W. 11.5 cm, D. 1.5 cm, H. 5 cm, Wt. 100 g

　　Fibula 在拉丁语中意为"扣针、搭扣"（本意是小腿外侧的长骨），在穿长袍时用来固定层层交叠的布料。针的部分与连接针头的部分浑然一体，是具有现代安全别针功能的金属制器具。

连珠纹铜扣针

卢里斯坦青铜器（公元前 1000～前 650 年）

伊朗

宽 9 厘米，厚 3.2 厘米，高 7.1 厘米，重 140 克

Copper Alloy Fibula/Brooch

Luristan Bronzes (ca. 1000-650 BCE)

Iran

W. 9 cm, D. 3.2 cm, H. 7.1 cm, Wt. 140 g

青铜卡扣针石范，土耳其安塔利亚博物馆藏

神兽纹圆盘形装饰铜别针

卢里斯坦青铜器（公元前 1000 ～前 650 年）

伊朗

宽 11.5 厘米，高 21.5 厘米，重 30 克

Copper Alloy Pin

Luristan Bronzes (ca. 1000-650 BCE)

Iran

W. 11.5 cm, H. 21.5 cm, Wt. 30 g

　　在一块圆盘形青铜薄板上，以人面小像为中心浮雕着格里芬、鱼、圆花饰等各类神兽。

卢里斯坦人面圆牌插件，公元前 8 ～前 7 世纪，美国大都会艺术博物馆藏

牛头装饰铜插件

卢里斯坦青铜器（公元前 1000 ~ 前 650 年）
伊朗
宽 7.2 厘米，高 62 厘米，重 300 克

Copper Alloy Ornament

Luristan Bronzes (ca. 1000–650 BCE)
Iran
W. 7.2 cm, H. 62 cm, Wt. 300 g

　　顶部装饰着三只牛头，牛下底座两端有两只野猪
头部，造型小巧可爱。

133

动物纹装饰铜牌饰

卢里斯坦青铜器（公元前 1000 ～前 650 年）

伊朗

宽 9.5 厘米，厚 3 厘米，高 12.9 厘米，重 250 克

Copper Alloy Ornament

Luristan Bronzes (ca. 1000-650 BCE)

Iran

W. 9.5 cm, D. 3 cm, H. 12.9 cm, Wt. 250 g

　　此器背后有纽，或可作为挂饰使用。牌饰正面描绘两头
牛（或羊）对称立于棕榈树下，头蹭树干，造型生动可爱。

卢里斯坦青铜透雕牌饰，公元前
1000 ～前 800 年，大英博物馆藏

三翅管銎铜斧

卢里斯坦青铜器（公元前 1000～前 650 年）
伊朗
宽 10.9 厘米，厚 2.1 厘米，高 7.2 厘米，重 180 克

Copper Alloy Axe

Luristan Bronzes (ca. 1000-650 BCE)
Iran
W. 10.9 cm, D. 2.1 cm, H. 7.2 cm, Wt. 180 g

　　作为武器的斧头，插在手柄上就可以使用。但是
根据开刃判断并不是实用的利器，一般认为是用于祭
祀或者墓葬的物品。

月牙形铜钺

卢里斯坦青铜器（公元前 1000～前 650 年）
伊朗
宽 12 厘米，厚 3 厘米，高 13 厘米，重 500 克

Copper Alloy Axe

Luristan Bronzes (ca. 1000-650 BCE)
Iran
W. 12 cm, D. 3 cm, H. 13 cm, Wt. 500 g

公牛银像

卢里斯坦青铜器（公元前 1000～前 650 年）

伊朗

宽 28 厘米，厚 8.5 厘米，高 27.8 厘米，重 880 克

Silver Bull

Luristan Bronzes (ca. 1000–650 BCE)

Iran

W. 28 cm, D. 8.5 cm, H. 27.8 cm, Wt. 880 g

　　银制公牛像。由银板锤炼制成，内部中空，尾巴为活件，可左右摇摆。面部及身体细节刻画具有典型的波斯风格。公牛自古以来就是力量的象征，是人们崇拜的对象，与此同时，也是献给神明的祭品。

莲花纹铜钵

古波斯帝国（公元前 550 ～前 330 年）
伊朗
直径 20.5 厘米，高 4.5 厘米，重 250 克

Copper Alloy Phiale/Bowl

Ancient Persian Empire (ca. 550-330 BCE)
Iran
Diam. 20.5 cm, H. 4.5 cm, Wt. 250 g

　　此类能够从侧面看到睡莲花蕾的莲花纹，起源于埃及的格式化植物纹样。古代埃及人把在尼罗河中盛开的睡莲视为太阳神和重生的象征，此类纹样后传播到地中海和西亚地区。

丝路留金

亚洲文明古国冶金艺术

138

阿拉米文羽人纹铜钵

古波斯帝国（公元前 550 ～前 330 年）
伊朗
直径 15.2 厘米，高 4 厘米，重 240 克

Copper Alloy Bowl

Ancient Persian Empire (ca. 550–330 BCE)
Iran
Diam. 15.2 cm, H. 4 cm, Wt. 240 g

敞口，外侧刻有用阿拉米字母书写的铭文："阿兹
良、埃尔·萨玛克的儿子、拉蒙·伊拉哈的所有物"。阿
拉米文产生于公元前 1200 年左右，由阿拉米人发明，后
来由于其在西亚进行广泛的内陆贸易而得以普及于波斯
帝国，是希伯来字母和阿拉伯字母的原型。铜钵内部中
心刻有圣甲虫的雕饰物，象征太阳神。

五翅管銎铜斧

卢里斯坦青铜器（公元前 1000～前 650 年）

伊朗

宽 21 厘米，厚 8.5 厘米，高 20 厘米，重 350 克

Copper Alloy Axe

Luristan Bronzes (ca. 1000-650 BCE)

Iran

W. 21 cm, D. 8.5 cm, H. 20 cm, Wt. 350 g

140

四翅管銎铜斧

卢里斯坦青铜器（公元前 1000～前 650 年）

伊朗

宽 18.5 厘米，厚 4.5 厘米，高 6 厘米，重 350 克

Copper Alloy Axe

Luristan Bronzes (ca. 1000–650 BCE)

Iran

W. 18.5 cm, D. 4.5 cm, H. 6 cm, Wt. 350 g

卢里斯坦青铜斧，公元前 1000～前 500 年，
失蜡法浇铸，大英博物馆藏

鹤嘴铜锄

卢里斯坦青铜器（公元前 1000 ～前 650 年）

伊朗

宽 16.5 厘米，厚 3.5 厘米，高 10 厘米，重 300 克

Copper Alloy Axe

Luristan Bronzes (ca. 1000-650 BCE)

Iran

W. 16.5 cm, D. 3.5 cm, H. 10 cm, Wt. 300 g

銎孔处雕刻了人面，突出人物的双眼、鼻梁和胡须，也许是神像。斧刃扁平，从斧刃到銎孔逐渐变窄且边缘向上卷起。另一端造型细长，边缘上卷，末端为弧形，似小铲子。

142

骨柄铜短剑

卢里斯坦青铜器（公元前 1000 ~ 前 650 年）

伊朗

宽 5 厘米，厚 5.8 厘米，长 34.2 厘米，重 350 克

Copper Alloy Sword

Luristan Bronzes (ca. 1000-650 BCE)

Iran

W. 5 cm, D. 5, 8 cm, H. 34.2 cm, Wt. 350 g

    青铜剑刃与柄一体成型，再套上由牛骨制作的剑柄。牛骨装饰
表面光滑，类似锚形斧头的造型。

143
——

山羊铜柄砺石

卢里斯坦青铜器（公元前 1000～前 650 年）

伊朗

宽 7 厘米，厚 2.2 厘米，长 22 厘米，重 460 克

Copper Alloy Whetstone

Luristan Bronzes (ca. 1000-650 BCE)

Iran

W. 7 cm, D. 2.2 cm, H. 22 cm, Wt. 460 g

　　卢里斯坦地区出土了大量青铜器，由于青铜材质的武器刀刃磨损得比较快，所以战士们经常随身携带磨刀石，用于打磨铜剑、铜矛等。

　　此器为一公羊装饰造型，公羊两角弯曲，颈部前伸，背负一只小羊，身体是磨刀石插孔。

山羊铜柄砺石

卢里斯坦青铜器（公元前 1000 ～前 650 年）
伊朗
宽 5.7 厘米，厚 2.5 厘米，长 28 厘米，重 300 克

Copper Alloy Whetstone

Luristan Bronzes (ca. 1000-650 BCE)
Iran
W. 5.7 cm, D. 2.5 cm, H. 28 cm, Wt. 300 g

　　此器顶端装饰有一只狮子正在撕咬山羊，以此来象征力量，以及对使用者的庇佑与祝福。狮子身体为磨刀石插孔。

145

山羊铜柄

卢里斯坦青铜器（公元前 1000 ~ 前 650 年）

伊朗

宽 8 厘米，厚 2.7 厘米，长 9 厘米，重 80 克

Copper Alloy Whetstone

Luristan Bronzes (ca. 1000-650 BCE)

Iran

W. 8 cm, D. 2.7 cm, H. 9 cm, Wt. 80 g

　　此器刻意拉长山羊颈部，并放大羊角，使之具有线条美感。

豹搏羊铜马镳

卢里斯坦青铜器（公元前 1000～前 650 年）

伊朗

宽 13 厘米，厚 3.5 厘米，高 13 厘米，重 340 克 /320 克

Copper Alloy Cheekpieces

Luristan Bronzes (ca. 1000-650 BCE)

Iran

W. 13 cm, D. 3.5 cm, H. 13 cm, Wt. 340 g / 320 g

　　出土于卢里斯坦墓穴中的马具。马衔是戴在马的嘴里，系上缰绳，用来驾驭马匹的工具。马镳可以包裹住马脸，避免马衔左右移位。因其装饰豪华，有传统的马及其他动物纹样，因此被认定为仪式用品，而非实用工具。

双马铜马镳与马衔

卢里斯坦青铜器（公元前 1000～前 650 年）

伊朗

宽 18 厘米，纵深 10 厘米，高 8 厘米，重 840 克

Copper Alloy Cheekpieces

Luristan Bronzes (ca. 1000–650 BCE)

Iran

W. 18 cm, D. 10 cm, H. 8 cm, Wt. 840 g

卢里斯坦青铜马镳马衔，公元前 8～前 7 世纪，
美国大都会艺术博物馆藏

有翼人面兽身铜马镳与马衔

卢里斯坦青铜器（公元前 1000～前 650 年）

伊朗

宽 22 厘米，纵 15 厘米，高 20.5 厘米，重 350 克

Copper Alloy Cheekpieces

Luristan Bronzes (ca. 1000-650 BCE)

Iran

W. 22 cm, D. 15 cm, H. 20.5 cm, Wt. 350 g

　　马具的一部分。马口咬有马衔以及左右各一的马镳（用来连接马衔并起到装饰和保护马面的作用）。推测为祭祀用器具或是陪葬的冥器。造型为行走的有角有翼人面神兽。

149

一人双兽铜马轭

卢里斯坦青铜器（公元前 1000 ～前 650 年）
伊朗
宽 12 厘米，厚 1.5 厘米，高 12 厘米，重 230 克

Copper Alloy Spinning Wheel Component
Luristan Bronzes (ca. 1000-650 BCE)
Iran
W. 12 cm, D. 1.5 cm, H. 12 cm, Wt. 230 g

　　一位男性伫立在两个圆环之间，两侧类似山羊的动
物像拱卫一般包围着中央站立着的人物，两侧动物多为
山羊、鹿、狮子等形象。从古至今，这种"主人驭兽"
的传统母题在西亚备受推崇。

卢里斯坦青铜马轭，公元前 9 ～前 7 世纪，
大英博物馆藏

狮子形金装饰板

古波斯帝国（公元前 550～前 330 年）

伊朗

宽 2.1 厘米，高 1.7 厘米，重 1 克；

宽 2.2 厘米，高 1.7 厘米，重 1 克

Gold Panel

Ancient Persian Empire (ca. 550-330 BCE)

Iran

W. 2.1 cm, H. 1.7 cm, Wt. 1 g;

W. 2.2 cm, H. 1.7 cm, Wt. 1 g

　　一对体型虽小却气势凛然的狮子。雕凿而成，推测为装饰品，可以缝在衣服上，或者粘贴在其他物件上。

151
——

金兽首银手镯

古波斯帝国（公元前 550 ～前 330 年）

伊朗

宽 8.4 厘米，长 9.3 厘米，厚 1.3 厘米，重 130 克

Silver Bracelet

Ancient Persian Empire (ca. 550–330 BCE)

Iran

W. 8.4 cm, D. 9.3 cm, H. 1.3 cm, Wt. 130 g

　　不封闭圆环状的手镯盛行于西亚、中亚、北方草原和古希腊。两端为狮头，狮头张口，露出獠牙，眼睛曾有宝石镶嵌。狮子代表着王权和力量，这样的大手镯是贡品和身份的象征。

152

人形铜容器

古波斯帝国（公元前 550 ～前 330 年）

叙利亚

宽 3.2 厘米，纵深 2.2 厘米，高 14.4 厘米，重 140 克

Copper Alloy Human-shaped Cosmetic Containter

Ancient Persian Empire (ca. 550-330 BCE)

Syria

W. 3.2 cm, D. 2.2 cm, H. 14.4 cm, Wt. 140 g

此像为代表丰饶和爱的东方女神阿斯塔蒂，其双手托举双乳的姿态被视作丰饶的象征。由于顶部有一开口，推测此物或许为化妆容器，用于盛放眼线膏等化妆用品。

人形铜容器

古波斯帝国（公元前 550 ～前 330 年）

伊拉克

宽 3.8 厘米，纵深 3.9 厘米，高 11.9 厘米，重 260 克

Copper Alloy Human-shaped Cosmetic Containter

Ancient Persian Empire (ca. 550-330 BCE)

Iraq

W. 3.8 cm, D. 3.9 cm, H. 11.9 cm, Wt. 260 g

  双手交叉放在胸前的女性铜像。顶部有一个开口，
应该是容器，可能用于盛放化妆品、香脂或涂料等物。
两个肩部都有小孔，可使链条穿过。

来通杯

来通杯（Rhyton）源于希腊语的"流出"一词。杯身一般以动物形象装饰，杯子的前端有一小出水孔，位置一般在动物的嘴边或者下巴处。当时人们相信用它来注酒可以防止中毒，举起"来通"将酒一饮而尽是向神致敬的表示，因此常用于礼仪和祭祀活动，广泛使用于古代西亚、中亚尤其是萨珊波斯等地。来通杯通过丝绸之路传入中国，并逐渐流传。

154
——

狮首铜来通

古波斯帝国（公元前 550～前 330 年）
伊朗
宽 26 厘米，纵深 12.5 厘米，高 35 厘米，重 1680 克

Copper Alloy Lion-shaped Rhyton

Ancient Persian Empire (ca. 550-330 BCE)
Iran
W. 26 cm, D. 12.5 cm, H. 35 cm, Wt. 1680 g

铜制来通，前端是雄狮的半身像，张口呈狮吼状，双眼内凹，或许曾镶嵌宝石，细线刻画了雄狮的鬃毛的质感。

丝路留金

亚洲文明古国冶金艺术

226

天马首银来通

古波斯帝国（公元前 550～前 330 年）
伊朗
高 27 厘米，重 1500 克

Silver Heavenly Horse-shaped Rhyton
Ancient Persian Empire (ca. 550-330 BCE)
Iran
H. 27 cm, Wt. 1500 g

　　银制来通，前端是有翅膀的马（即天马）的前半躯体，在马的
前足间有流出孔。

山羊首铜来通

古波斯帝国（公元前 550 ~ 前 330 年）

伊朗

宽 13.5 厘米，纵深 11.5 厘米，高 26.5 厘米，重 1500 克

Copper Alloy Goat-shaped Rhyton

Ancient Persian Empire (ca. 550-330 BCE)

Iran

W. 13.5 cm, D. 11.5 cm, H. 26.5 cm, Wt. 1500 g

山羊前腿弯曲踢地，山羊身体两侧能看到羊蹄的形状，羊的面容刻画细致，羊角粗大向后弯曲。

古波斯银来通，公元前 4 世纪左右，
美国大都会艺术博物馆藏

狮子浮雕银杯

古波斯帝国（公元前 550 ～前 330 年）
伊朗
径 18.3 厘米，高 31 厘米，重 6000 克

Lion Decorated Cup

Ancient Persian Empire (ca. 550-330 BCE)
Iran
Diam. 18.3 cm, H. 31 cm, Wt. 6000 g

　　在青铜制的深杯外侧装饰有加工过
的银板，银板上端有石榴果实的连续纹
样以及狮子头像，底部一周用锤揲法做
出狮子造型，形成浮雕效果。工艺精湛，
造型华丽。

第三单元

金有五色

The Maturity of Metalwork

从希腊化时期到中世纪，冶金技术工艺成熟，发展迅猛。匠人追求更高的审美价值和实用价值，金属制品更加贴近生活。希腊化时期，古希腊冶金技术影响了意大利和东地中海地区，古罗马也在延续希腊传统的基础上进一步发展，北方斯基泰人也吸收希腊风格。随着亚历山大东征，希腊文化进入中亚和印度河流域，希腊化风格更加常态化。希腊化传播至中亚，也推动了犍陀罗佛像的产生。

From the Hellenistic period to the Middle Ages, metallurgical technology and craftsmanship matured rapidly. Craftsmen pursued higher aesthetic and practical values, resulting in metalwork that was more closely integrated into daily life. During the Hellenistic period, ancient Greek metallurgical techniques influenced Italy and the eastern Mediterranean region. Ancient Rome continued to build upon the Greek tradition, and the northern Scythians also absorbed Greek styles. With the conquests of Alexander the Great, Greek culture spread into Central Asia and the Indus Valley, making Hellenistic styles even more prevalent. The spread of Hellenism into Central Asia also played a role in the creation of Gandhara Buddha.

希腊化王国
Hellenistic Kingdoms

　　公元前 4 世纪，亚历山大东征之后，希腊文化涌入中亚。希腊化时期始于亚历山大大帝东征，终于罗马帝国奥古斯都崛起（公元前 334- 前 30 年），希腊化王国主要包括托勒密王国（公元前 305～前 30 年）、塞琉古王国（公元前 312～前 64 年）、巴克特里亚王国（公元前 256～前 145 年）、印度—斯基泰王国等。其金属艺术融合了古埃及与古波斯风格，并在此基础上更为精进。

In the 4th century BCE, after the conquests of Alexander the Great, Greek culture spread into Central Asia. The Hellenistic period began with the conquests of Alexander the Great and continued until the rise of the Roman Empire under Augustus (334 - 30 BCE). Hellenistic kingdoms included the Ptolemaic Kingdom (305 - 30 BCE), the Seleucid Kingdom (312 - 64 BCE), the Bactria Kingdom (256 - 145 BCE), the Indo-Scythian Kingdom. Their metalworking combined elements from Ancient Egypt and Ancient Persia, further refining the art on this foundation.

斜壁银杯

巴克特里亚王国（公元前 1 世纪）

阿富汗

口径 14 厘米，高 14.5 厘米，重 300 克

Silver Cup

Greco–Bactrian Kingdom (1st century BCE)

Afghanistan

Diam. 14 cm, H. 14.5 cm, Wt. 300 g

此杯子的口缘部刻有新阿拉米语，意义不明。

希腊神话线刻长柄铜镜

伊特鲁里亚（公元前900～前100年）
意大利中部
宽 10.2 厘米，厚 1.6 厘米，高 20.4 厘米，重 240 克

Copper Alloy Mirror

Etruscan (ca. 900-100 BCE)
Central Italy
W. 10.2 cm, D. 1.6 cm, H. 20.4 cm, Wt. 240 g

　　圆盘形细柄青铜镜。该类型铜镜于墓葬中大量出土，可见其深受伊特鲁里亚人喜爱。手柄前端为兽首纹样，镜子背面用线条刻画着神话传说中的场景。

伊特鲁里亚长柄铜镜，公元前 3 世纪，美国大都会艺术博物馆藏

人物立像圣火台铜支柱

伊特鲁里亚（公元前 600 ～前 500 年）
希腊
宽 4 厘米，纵深 3 厘米，高 19.5 厘米，重 480 克

Copper Alloy Candlestick
Etruscan (ca. 600-500 BCE)
Greece
W. 4 cm, D. 3 cm, H. 19.5 cm, Wt. 480 g

　　位于意大利半岛中部的伊特鲁里亚地区，铜、铁
等矿产资源得天独厚。伊特鲁里亚人在希腊文明的影
响下，制造了大量青铜器。此裸体青年立像应为库罗斯，
是供奉于神殿和墓地的理想青年形象，其头顶部有一
根柱状杆，上有盘状突起，一般认为该杆为香炉或烛
台的支柱。

獴形铜研磨器

托勒密王国（公元前 305 ～前 30 年）
地中海东岸
长 16.5 厘米，宽 3.5 厘米，高 4 厘米，重 440 克

Copper Alloy Ichneumon-shaped Grater
Ptolemaic Kingdom (ca. 305-30 BCE)
Eastern Mediterranean
W. 16.5 cm, D. 3.5 cm, H. 4 cm, Wt. 440 g

托勒密王朝晚期鼠神木乃伊青铜棺，公元前 664 ～前 30 年，失蜡法浇铸，美国大都会艺术博物馆藏

  此器呈獴形态，并有两只幼獴跟随其后。底座部分有两个圆环，表面布满了像刨丝器一样的细小凸起。罗马时代出现了类似刨丝器的器具，但数量不多。獴生活在尼罗河岸边，因为是蛇和老鼠的天敌而被视为神圣之物，在古代埃及被称为 Ichneumon（埃及之獴），埃及人还以獴为蓝本制作了神像和木乃伊等。

162

双耳铜杯

塞琉古王国（公元前 312 ~ 前 64 年）

地中海东岸

宽 18.3 厘米，纵深 9 厘米，高 6.3 厘米，重 200 克

Copper Alloy Kylix

Seleucid Kingdom (ca. 312-64 BCE)

Eastern Mediterranean

W. 18.3 cm, D. 9 cm, H. 6.3 cm, Wt. 200 g

　　在宴会上用于饮用葡萄酒的酒杯。敞口处向外
延伸的细长把手线条优美，是该酒杯的一大特征。
可以利用细长把手，将杯子倒扣挂在墙上。

希腊化时期青铜双耳杯，公元前 400 年，
美国大都会艺术博物馆藏

人狮铜带扣

巴克特里亚王国（公元前 256 ～前 145 年）
阿富汗
宽 15.5 厘米，厚 2 厘米，高 4 厘米，重 650 克

Copper Alloy Belt Ornament

Greco-Bactrian Kingdom (ca. 256-145 BCE)
Afghanistan
W. 15.5 cm, D. 2 cm, H. 4 cm, Wt. 650 g

　　首饰的一部分，拥有希腊罗马风格装饰。造型为丘比特（Cupid）骑在形似格里芬的神兽背上。丘比特是希腊神话中爱神阿芙洛狄忒的儿子，以幼儿的形象表现。亚历山大大帝东征将希腊神话人物带到中亚，深受当地人民喜爱。常以贵重金属打造丘比特、酒神狄奥尼索斯和赫拉克勒斯的形象，阿富汗蒂拉丘地出土的丘比特骑海豚的黄金对扣是典型范例。

164

希腊神萨提洛斯像铜饰件

巴克特里亚王国（公元前 256 ~ 前 145 年）

阿富汗

宽 5 厘米，厚 1.5 厘米，高 7.5 厘米，重 80 克

Copper Alloy Ornament

Greco-Bactrian Kingdom (ca. 256-145 BCE)

Afghanistan

W. 5 cm, D. 1.5 cm, H. 7.5 cm, Wt. 80 g

　　模仿萨提洛斯形象的首饰。萨提洛斯原本是希腊神话中的酒和
酗酒之神狄奥尼索斯的侍从，被表现为长胡须、马耳和有尾巴的人
类男性。是住在山野的欢快半兽，喝酒时会做出粗暴的行为。

165

金王冠

巴克特里亚王国（公元前 256 ~ 前 145 年）
巴基斯坦西北部
宽 20.6 厘米，纵深 11.1 厘米，高 6.2 厘米，重 480 克

Gold Crown

Greco-Bactrian Kingdom (ca. 256-145 BCE)
Northwestern Pakistan
W. 20.6 cm, D. 11.1 cm, H. 6.2 cm, Wt. 480 g

  用金薄板制成的橄榄枝组合冠。中间附有表示驱魔和吉祥
意义的"赫拉克勒斯结"。这种豪华的金冠在希腊主义时代的
希腊文化圈中流行，被用于葬礼。

金王冠

巴克特里亚王国（公元前 256 ～前 145 年）
阿富汗
径 17.5 厘米，高 7.5 厘米，重 500 克

Gold Crown

Greco-Bactrian Kingdom (ca. 256-145 BCE)
Afghanistan
Diam. 17.5 cm, H. 7.5 cm, Wt. 500 g

　　金冠制作是希腊风格金属工艺的传统，使用橄榄枝叶做装饰也是希腊艺术的特点，此王冠便吸收了上述风格。金冠中央还镶嵌了从阿富汗北部山岳地带的矿山上开采的青金石，实属罕见。阿富汗的青金石开采约始于公元前 3000 年左右，之后出口到西方的埃及和美索不达米亚地区，被人们视若珍宝。但在犍陀罗以及周围地区，几乎没有在公元前后使用青金石制作工艺品的例证。

镶玛瑙金戒指

巴克特里亚王国（公元前 256 ～ 前 145 年）

阿富汗

宽 2.6 厘米，厚 1.1 厘米，高 3.3 厘米，重 20 克

Gold Ring

Greco-Bactrian Kingdom (ca. 256-145 BCE)

Afghanistan

W. 2.6 cm, D. 1.1 cm, H. 3.3 cm, Wt. 20 g

　　主石为阿富汗出土的青金石。

金牛

巴克特里亚王国（公元前 256 ～前 145 年）
阿富汗
宽 6.0 厘米，厚 2.5 厘米，高 5.2 厘米，重 60 克；
宽 6.5 厘米，厚 2.5 厘米，高 5.2 厘米，重 50 克

Gold Bull

Greco-Bactrian Kingdom (ca. 256-145 BCE)
Afghanistan
W. 6.0 cm, D. 2.5 cm, H. 5.2 cm, Wt. 60 g;
W. 6.5 cm, D. 2.5 cm, H. 5.2 cm, Wt. 50 g

　　这两头黄金打造的牛神态各异，一头昂首向前，一只转头回望。其肌肉骨骼轮廓清晰，动作自然，表现手法极为写实，充满了希腊化特点。两头牛的后腿弯曲，使牛身结构更加稳定，又仿佛是在积蓄力量，准备随时发起进攻。

绿松石金鹿

巴克特里亚王国（公元前 256～前 145 年）

阿富汗

宽 10 厘米，厚 3 厘米，高 9.5 厘米，重 150 克

Gold Stag

Greco-Bactrian Kingdom (ca. 256-145 BCE)

Afghanistan

W. 10 cm, D. 3 cm, H. 9.5 cm, Wt. 150 g

金鹿像，空腔，躯干上镶嵌着绿松石。从头的大小和鼻子的长短来看，表现的是小鹿。将绿松石镶嵌铸制到金属工艺品上的装饰方法在萨尔马泰等黑海沿岸和中亚游牧民的殉葬品中颇为常见。

鹿形透雕铜牌饰

印度—斯基泰王国（公元前 300～公元 100 年）
中亚
宽 8 厘米，厚 0.7 厘米，高 6 厘米，重 60 克

Copper Alloy Stag
India-Scythia Kingdom (ca. 300 BCE-100 CE)
Central Asia
W. 8 cm, D. 0.7 cm, H. 6 cm, Wt. 60 g

　　支配黑海北岸草原地带的伊朗系骑马民族斯基泰，从公元前 6 世纪到公元前 3 世纪在欧亚草原上建立了强大的游牧国家，与黑海沿岸的希腊殖民城市展开交流，发展出优秀的马具、武器等，形成了独特的骑马游牧民族文化。该作品是斯基泰动物设计的典型范例，将鹿的大枝角图案化，简洁生动展现了鹿身体的柔软曲线和细腿的对照美。

金饰片

帕提亚王国（公元前 247 ~ 公元 226 年）

叙利亚

长 3.1 厘米，宽 3 厘米，厚 0.02 厘米，重 1 克

Gold Panel

Parthian Empire (ca. 247 BCE–226 CE)

Syria

W. 3.1 cm, D. 3 cm, H. 0.02 cm, Wt. 1 g

手柄铜水壶

犍陀罗（公元前 1 ~ 公元 1 世纪）

地中海东岸

高 34 厘米，重 3500 克

Copper Alloy Pot

Gandhara (ca. 1st century BCE–1st century CE)

Eastern Mediterranean

H. 34 cm, Wt. 3500 g

　　青铜材质，独特的斜喇叭口口沿工艺，是受希腊化或罗马制作工艺的影响。把手上端为一位头上有一对角的男性神卧像，下端为一葡萄树叶下藏着的女神胸像。应为盛葡萄酒容器。

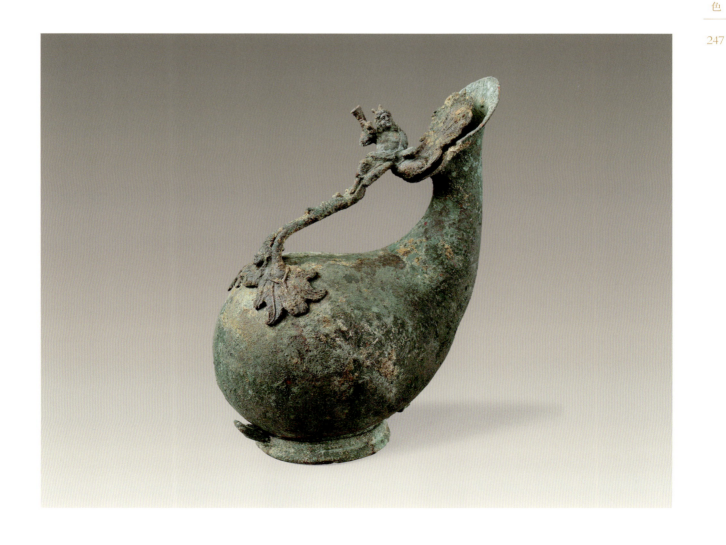

174

羱羊像花瓣形银盘

帕提亚王国（公元前 247 ～公元 226 年）

伊朗

直径 25.5 厘米，高 9.1 厘米，重 700 克

Silver Bowl

Parthian Empire (ca. 247 BCE-226 CE)

Iran

Diam. 25.5 cm, H. 9.1 cm, Wt. 700 g

　　以八个花瓣状的突起造型的银盘，中心站立一只羱羊，为独立制作后熔接上去的，姿态凛然，宛如正站立在一座岩山上。头长巨角的山羊，对古代先民来说，既是丰饶的象征，也是供奉给神明的祭牲，还是珍贵的食物。

鎏金铜狮子

帕提亚王国（公元前 247 ~ 公元 226 年）

伊朗

宽 11 厘米，厚 3 厘米，高 6.2 厘米，重 430 克

Gilded Copper Alloy Lion

Parthian Empire (ca. 247 BCE-226 CE)

Iran

W. 11 cm, D. 3 cm, H. 6.2 cm, Wt. 430 g

　　一头凛然站立的雄狮，在其肩部和背部都刻画着较大的漩涡状纹样。幼狮的毛发一般都略微卷曲，这些纹样可能正是在反映这一特征。类似的纹样在古代中东的狮子雕像和东亚的狮子像中都时有发现。

希腊神话银饰片

帕提亚王国（公元前 247 ～公元 226 年）
巴基斯坦西北部
宽 9.5 厘米，高 11.1 厘米，重 290 克

Silver Panel

Parthian Empire (ca. 247 BCE–226 CE)
Northwestern Pakistan
W. 9.5 cm, H. 11.1 cm, Wt. 290 g

　　此器据推测为家具或容器装饰的一部分，通过锤揲技法展现了
希腊神话的优雅一幕。中间跪下的裸体女子被认为是阿芙洛狄忒，
其左右两名侍女各自拿着水壶和大布帮助女神沐浴，上面有茂盛的
树木和大鸟的身影。壶上面描绘着鸟儿和童子。此类像皮袋一样扁
平形状的水壶也被称为阿斯科斯，在塔克西拉的遗迹中也有出土同
类器。

177

格里芬把手铜香炉

帕提亚王国（公元前 247 ～公元 226 年）
巴基斯坦西北部
长 28 厘米，宽 12.5 厘米，高 9.7 厘米，重 900 克

Copper Alloy Incense Burner
Parthian Empire (ca. 247 BCE-226 CE)
Northwestern Pakistan
W. 28 cm, D. 12.5 cm, H. 9.7 cm, Wt. 900 g

　　以有翼怪兽装饰的香炉。这种作品在印度帕
提亚时代塔克西拉的锡尔卡普遗址（巴基斯坦）
中出土，在犍陀罗的浮雕中也有少数此类装饰的
香炉。

178

动物形铜把手

帕提亚王国（公元前 247～公元 226 年）

阿富汗

长 15 厘米，宽 5 厘米，高 6 厘米，重 300 克

Copper Alloy Animal-shaped Handle

Parthian Empire (ca. 247 BCE-226 CE)

Afghanistan

W. 15 cm, D. 5 cm, H. 6 cm, Wt. 300 g

青铜制容器的把手的一部分。形似一只
奔跑的豹子。

公元前 27 年，罗马共和国元老院授予屋大维"奥古斯都"称号，古罗马由此进入帝国时代，其统治疆域以地中海为中心，跨越欧、亚、非三大洲。罗马帝国的金属艺术延续了古希腊的风格，其金属制品种类多样，造型精美，实用性强。

179
——

安弗拉铜罐

罗马帝国（公元前 27 ～公元 1453 年）早期
叙利亚
宽 24 厘米，纵深 21 厘米，高 24.5 厘米，重 1750 克

Copper Alloy Amphora

Early Roman Empire (27 BCE -1453 CE)
Syria
W. 24 cm, D. 21 cm, H. 24.5 cm, Wt. 1750 g

用于储存、运输葡萄酒等酒类的罐子。造型精巧，两处把手侧面绘有水鸟，其下部则为驱逐邪魔的美杜莎。

蛇头柄铜过滤器

罗马帝国（公元前 27 ~ 公元 1453 年）早期
地中海东岸
直径 10.5 厘米，长 24 厘米，高 5 厘米，重 270 克

Copper Alloy Filter

Early Roman Empire(27 BCE -1453 CE)
Eastern Mediterranean
Diam. 10.5 cm, L. 24 cm, H. 5 cm, Wt. 270 g

　　罗马时代的过滤铜筛，在酒宴上用于过滤酒中沉淀物。手柄前端呈弯曲状，以便其能够挂在盛酒器的边缘等处。

古希腊锻造银勺，公元前 4 世纪末，美国大都会艺术博物馆藏

181
—

带提手铜容器

罗马帝国（公元前 27 ~ 公元 1453 年）早期
地中海东岸
宽 6.5 厘米，高 29 厘米，重 450 克

Copper Alloy Containers with Carrying Handle
Early Roman Empire(27 BCE -1453 CE)
Eastern Mediterranean
W. 6.5 cm, H. 29 cm, Wt. 450 g

　　带有提手的容器（拉丁语为 Situla），造型精巧，
形似水桶。在祭祀典礼上用于舀取葡萄酒等液体。

托勒密王朝提梁铜壶，公元前 332 ~
前 30 年，美国大都会艺术博物馆藏

铜提斗

罗马帝国（公元前 27～公元 1453 年）早期
地中海东岸
宽 4 厘米，高 34 厘米，重 100 克

Copper Alloy Spoon
Early Roman Empire(27 BCE -1453 CE)
Eastern Mediterranean
W. 4 cm, H. 34 cm, Wt. 100 g

　　青铜勺（拉丁语为 simpulum），手柄较长，勺子的前端部分由铰链连接，且为小型罐状。常用于从较深容器中舀取葡萄酒和油等等。

　　贵霜王朝（公元 1 世纪～ 3 世纪左右）为从伊犁河西迁至阿姆河的大月氏人所建，后灭于萨珊王朝，鼎盛时期疆域北起锡尔河，西至咸海南岸花剌子模、土库曼斯坦，南至恒河中游，东至塔里木盆地西部。其金属艺术早期延续了希腊—巴克特里亚王国（大夏）的风格，希腊化色彩较重；后由于佛教的发展，融汇印度、希腊、帕提亚、斯基泰等多种风格，开创了别具一格的犍陀罗艺术，留下了丰富的反映多元宗教信仰的艺术遗产。

The Kushan Empire (ca. 1st – 3rd Century CE), established by the Greater Yuezhi people who migrated from the Ili River to the Amu Darya, and was later destroyed by the Sassanian Empire. During the heyday of the dynasty, its territory extended from the Syr Darya in the north to the Khwarazimu and Turkmenistan on the south bank of the Aral Sea in the west, ends at the middle reaches of the Ganges River in the south, and the west of the Tarim Basin in the east. In its early stages of metalworking, the Kushan Empire retained the influence of the Bactrian Kingdom with a strong Hellenistic style. Later, due to the development of Buddhism, it integrated various styles from Indian, Greek, Parthian, and Scythian cultures, creating a unique Gandharan art, leaving behind a rich artistic heritage that reflects diverse religious beliefs.

金花耳坠

贵霜王朝（公元 30 ～ 267 年）

巴基斯坦

宽 1.7 厘米，高 3.7 厘米，重 4 克

Gold Earring

Kushan Dynasty (ca. 30–267 CE)

Pakistan

W. 1.7 cm, H. 3.7 cm, Wt. 4 g

　　在犍陀罗地区，发现了不少源自希腊主义的金属工艺品。这些制品受到西方文化的影响显著，可能是在犍陀罗甚至西方的地中海周边、西亚，或者巴克特里亚由希腊裔金匠制作的，构造极为精细。本品采用细粒工艺，极为精致可爱。

珍珠双鱼金耳坠

贵霜王朝（公元 30 ～ 267 年）

巴基斯坦

宽 1.3 厘米，高 1.7 厘米，重 1 克

Gold Earring

Kushan Dynasty (ca. 30–267 CE)

Pakistan

W. 1.3 cm, H. 1.7 cm, Wt. 1 g

　　采用安弗拉（壶）左右配对海豚造型。海豚在希腊是神的化身和圣兽，所以也是受喜爱的装饰品主题，在罗马时代也被视为将死者的灵魂送到来世的"灵魂引导者"，被视为神圣。

185
——

珍珠金坠饰

贵霜王朝（公元 30～267 年）

巴基斯坦

宽 1.9 厘米，高 6.4 厘米，重 6 克

Gold Earring

Kushan Dynasty (ca. 30–267 CE)

Pakistan

W. 1.9 cm, H. 6.4 cm, Wt. 6 g

　　通体为黄金制作，下端呈圆盘状，中心镶嵌宝石，盘上有一圈金粟粒，圆盘边缘布满一根根微弯的小勾，小勾上串着颗粒很小的天然珍珠，是黄金和珍珠的组合，非常夺目。耳饰的挂耳部分较为细长，为非闭合状，顶端有一小环。挂耳靠近圆盘处有两层金粟粒。

金珠项链

贵霜王朝（公元 30 ~ 267 年）
巴基斯坦
长 79.4 厘米，重 90 克

Gold Necklace

Kushan Dynasty (ca. 30-267 CE)
Pakistan
L. 79.4 cm, Wt. 90 g

　　由橄榄状素面空心的金珠串联而
成，缠绕两圈更凸显黄金的美感。

二龙戏珠金手镯

贵霜王朝（公元 30 ～ 267 年）

巴基斯坦西北部

横径 8.1 厘米，纵径 7.8 厘米，重 150 克

Gold Bracelet

Kushan Dynasty (ca. 30–267 CE)

Northwestern Pakistan

Diam. 8.1 cm, Diam. (cross) 7.8 cm, Wt. 150 g

在金棒上施以波浪状的纹样，弯曲成环状形成扭矩，接合部分附着半球状的金饰。表面有铭文和明显的凹陷，也许曾经镶嵌过宝石。

188

巴克特里亚铭文金手镯

贵霜王朝（公元 30 ～ 267 年）

巴基斯坦西北部

直径 7 厘米，重 100 克

Gold Bracelet

Kushan Dynasty (ca. 30–267 CE)

Northwestern Pakistan

Diam. 7 cm, Wt. 100 g

镯环呈节状纹样，为金棒先压制再弯曲成环制成。金棒两头各有一兽首装饰，对拱着一个金球。

金耳环

贵霜王朝（公元 30 ~ 267 年）

巴基斯坦

宽 1.3 厘米，厚 1.5 厘米，重 1 克

Gold Earring

Kushan Dynasty (ca. 30–267 CE)

Pakistan

W. 1.3 cm, D. 1.5 cm, Wt. 1 g

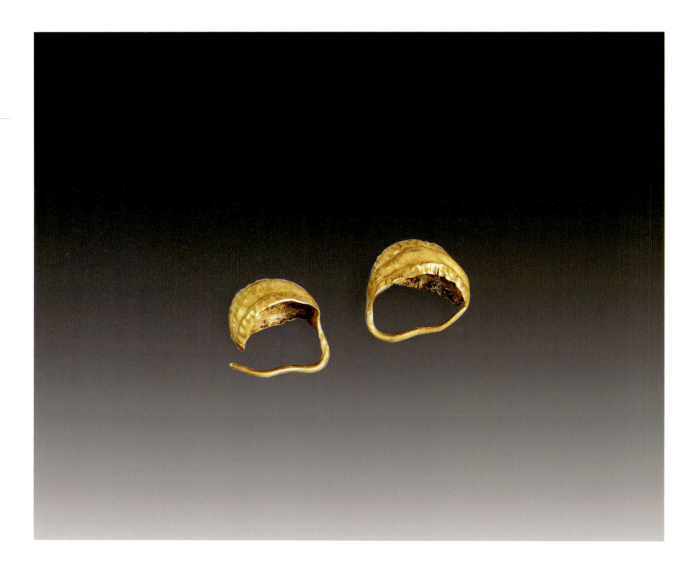

190
—

扇形金耳坠

贵霜王朝（公元 30 ～ 267 年）

巴基斯坦

宽 1.7 ～ 1.9 厘米，高 1.2 ～ 1.8 厘米，各重 1 克

Gold Earring

Kushan Dynasty (ca. 30–267 CE)

Pakistan

W. 1.7–1.9 cm, H. 1.2–1.8 cm, Wt. (each) 1 g

金花项链

贵霜王朝（公元 30 ～ 267 年）

巴基斯坦

项链长 42.6 厘米，珠径 0.9 厘米，重 90 克

Gold Nceklace

Kushan Dynasty (ca. 30-267 CE)

Pakistan

L. 42.6 cm, Diam. 0.9 cm, Wt. (each) 90 g

　　由筒形金饰与空心金珠交替串成，筒形金饰上花纹为双层对称圆拱形，项链接口处有一人形吊坠。整体造型精细别致。

高脚银杯

贵霜王朝（公元 30 ~ 267 年）

巴基斯坦

直径 7.7 厘米，高 12 厘米，重 70 克

Silver Goblet

Kushan Dynasty (ca. 30–267 CE)

Pakistan

Diam. 7.7 cm, H. 12 cm, Wt. 70 g

　　用薄银板锤制的杯身上附有构造独特的杯脚。在犍陀罗、塔克西拉的遗迹中出土了很多银制的杯子。

197

铭文银钵

贵霜王朝（公元 30 ~ 267 年）

巴基斯坦

直径 11.1 厘米，高 5.8 厘米，重 140 克

Silver Bowl

Kushan Dynasty (ca. 30–267 CE)

Pakistan

Diam. 11.1 cm, H. 5.8 cm, Wt. 140 g

　　在口缘处上用巴克特里亚文字刻有捐赠的相关记录："罗塔加萨的（捐赠）8 斯塔特尔 2 德拉克马（以下不明）"。

铜香炉

贵霜王朝（公元 30 ～ 267 年）

巴基斯坦

长 22 厘米，宽 6.5 厘米，高 2.5 厘米，重 200 克

Copper Alloy Spoon

Kushan Dynasty (ca. 30-267 CE)

Pakistan

W. 22 cm, D. 6.5 cm, H. 2.5 cm, Wt. 200 g

据推测是像勺子形状的简单香炉，这是佛像诞生的犍陀罗地区贵霜王朝时期使用的。

铭文银盘

贵霜王朝（公元 30 ~ 267 年）
伊朗
直径 20 厘米，重 400 克

Silver Phiale
Kushan Dynasty (ca. 30–267 CE)
Iran
Diam. 20 cm, Wt. 400 g

　　口缘部分用希腊文字刻有"阿什图索兹德的东西"和巴克特里亚语（中期伊朗语的一种）。亚历山大大帝的远征导致阿契美尼德王朝被消灭后，伊朗地区也开始使用希腊语，东方的贵霜王朝根据希腊系文字来标记当地的巴克特里亚语。

　　口沿外壁镌刻大夏文。

兽首柄铜镜

贵霜王朝（公元 30 ～ 267 年）
巴基斯坦
宽 15.2 厘米，厚 1.2 厘米，高 25.3 厘米，重 490 克

Copper Alloy Mirror

Kushan Dynasty (ca. 30–267 CE)
Pakistan
W. 15.2 cm, D. 1.2 cm, H. 25.3 cm, Wt. 490 g

　　犍陀罗雕塑中可以看到女性供养者，经常手持铜镜。据推测应该是描绘了当时女性生活的一幕，这种镜子被认为传自西亚。背面有刻线的植物纹，手柄上有狮首。

双牛头柄铜镜

贵霜王朝（公元 30 ~ 267 年）
巴基斯坦
宽 18.5 厘米，厚 3 厘米，高 27.5 厘米，重 300 克

Copper Alloy Mirror
Kushan Dynasty (ca. 30-267 CE)
Pakistan
W. 18.5 cm, D. 3 cm, H. 27.5 cm, Wt. 300 g

　　此镜柄以牛头造型装饰，牛角处可作为镜身
支撑，将其置于桌面，可保持稳定直立，构思精
巧鲜见。

佛教三宝标

贵霜王朝（公元 30 ～ 267 年）
公元 30 ～ 267 年
巴基斯坦
宽 9 厘米，高 11.5 厘米，重 100 克

Gold Trishula

Kushan Dynasty (ca. 30-267 CE)
Pakistan
W. 9 cm, H. 11.5 cm, Wt. 100 g

　　佛教中的三宝是"佛、法、僧"，将其象征性表现出来的就是三宝标。在古代印度和犍陀罗的雕刻作品常见，表现为三叉上面有三个圆形法轮。佛教早期并没有人形的佛陀像，而是表现出象征佛陀的物象，并加以崇拜。

佛教三宝标

贵霜王朝（公元 30 ~ 267 年）

巴基斯坦

宽 11.5 厘米，高 18.5 厘米，重 500 克

Copper Alloy Trishula

Kushan Dynasty (ca. 30–267 CE)

Pakistan

W. 11.5 cm, H. 18.5 cm, Wt. 500 g

萨珊波斯王朝

　　帕提亚王国衰败后，阿尔达希尔一世建立波斯王朝（公元221～651年），亦称"萨珊波斯王朝"，全盛时期的版图从安纳托利亚西部绵延至印度西北部（今巴基斯坦地区）。萨珊波斯帝国的文化影响力极大，艺术风格向东传播至中亚、印度、突厥和中国，向西传播至叙利亚、小亚细亚和埃及等地，被誉为伊朗古代文明的顶峰。此外，它还影响了罗马帝国艺术风格的发展，也为后来的伊斯兰艺术奠定了基础。伊朗高原的冶金技术至萨珊时期达到巅峰，其金属制品主要为生活用品，如杯盘、别针、首饰等。

　　After the decline of the Parthian kingdom, the Persian Empire, also known as the Sassanid Persian Dynasty, was established by Ardashir I in 221 CE and lasted until 651 CE. At its height, the Sassanid Empire extended from the western part of Anatolia to the northwest of India (including the modern Pakistan). The cultural influence of the Sassanid Empire was immense, with its art style spreading eastward to Central Asia, India, the Turkic regions and China; and westward to Syria, Asia Minor, as well as Egypt. It is hailed as the pinnacle of ancient Iranian civilization. Moreover, the Sassanid Empire influenced the development of artistic styles in the Roman Empire and laid the foundation for Islamic art in later periods. The metallurgical technology on the Iranian Plateau reached its zenith during the Sasanian era, with metal products primarily used for daily items such as cups, dishes, pins, and jewelry.

阿纳西塔女神像铜牌

萨珊波斯王朝（公元 224 ~ 651 年）
阿富汗
宽 14 厘米，厚 3.5 厘米，高 19 厘米，重 1420 克

Copper Alloy Goddess Panel
Sassanid Persian Dynasty (ca. 224-651 CE)
Afghanistan
W. 14 cm, D. 3.5 cm, H. 19 cm, Wt. 1420 g

　　佩饰华丽，手持碗（或杯）和笏杖，坐在狮子身上，据考证应为阿纳西塔女神形象。起源于两河流域的伊南娜（娜娜）女神崇拜，后被与掌管丰收和战胜的伊什塔尔女神融合，身旁出现狮子形象。波斯人将其与伊朗掌管水、星星和命运的女神阿纳西塔相结合，希腊化时期后又分别与各地的神祇混合崇拜，后经由丝绸之路传入中国。

205

帝王狩猎纹鎏金银牌

萨珊波斯王朝（公元 224 ~ 651 年）

伊朗

直径 5.9 厘米，重 130 克

Gilded Silver Panel

Sassanid Persian Dynasty (ca. 224-651 CE)

Iran

Diam. 5.9 cm, Wt. 130 g

　　表现了国王头戴王冠，斗篷翻飞，用匕首刺向野兽的颈部并将
其击倒的场景。该野兽以线条勾勒，具体特征比较简略，因此无法
确认种类。此物用途尚不明确，可能是别针、首饰或马车装备的一
部分。

206
——

高足银杯

萨珊波斯王朝（公元 224 ~ 651 年）
伊朗
口径 9.3 厘米，高 5 厘米，重 100 克

Silver Goblet

Sassanid Persian Dynasty (ca. 224–651 CE)
Iran
Diam. (mouth) 9.3 cm, H. 5 cm, Wt. 100 g

　　铸有底座的银杯，流行于萨珊王朝晚期。银杯由
两块银板组合而成，外表面雕凿有数条纵向凹槽，内
表面以及底部刻有巴列维语铭文。

萨珊波斯高足银盘，公元 4 世纪 ~ 6 世纪，
白银锻造，大英博物馆藏

人物纹鎏金银壶

萨珊波斯王朝（公元 224 ~ 651 年）

伊朗

宽 9.8 厘米，口径 4.6 厘米，高 16.7 厘米，重 340 克

Gilded Silver Pot

Sassanid Persian Dynasty (ca. 224-651 CE)

Iran

W. 9.8 cm, Diam. (mouth) 4.6 cm, H. 16.7 cm, Wt. 340 g

　　萨珊王朝生产了种类繁多的银器，有花瓶、水壶和杯子等等，也有许多如本品般局部镀金的作品。此为典型的萨珊王朝时期银器，壶的肩部作凸起的连珠纹带状装饰，壶身部分以浮雕装饰描绘着四名舞女。舞女们身着轻薄的衣物，或身边围绕着小狗、鸟儿，或牵着幼童，或拿着石榴等水果，或举着酒杯，营造出了浓厚的节日氛围。

208

鸟纹浮雕银杯

伊朗萨珊王朝（公元 6 ～ 7 世纪）
阿富汗
直径 22 厘米，重 500 克

Silver Plate
Sassanid Dynasty (ca. 6th-7th century CE)
Afghanistan
Diam. 22 cm, Wt. 500 g

　　银镀金，浮雕纹样是锤揲敲制而成。中心为一衔小枝的鸟形图
案，四周配有蔓草纹和连珠纹图案，部分镀金。这种图案及器形应
为中亚及粟特地区典型的金银器物。

帝王狩猎纹鎏金银盘

萨珊波斯王朝（公元 224 ～ 651 年）

阿富汗

直径 28.5 厘米，高 4.8 厘米，重 1440 克

Silver Plate

Sassanid Persian Dynasty (ca. 224-651 CE)

Afghanistan

Diam. 28.5 cm, H. 4.8 cm, Wt. 1440 g

　　此银盘中心锤揲出帝王狩猎场景，并施以鎏金。在场景中，一位骑着马匹，头戴平顶帽冠的国王，回身一剑刺向了从背后突袭而来的猛虎，而在他的脚边，已经有一只老虎被打倒横卧在地。这幅场景以萨珊王朝典型的帝王骑马狩猎图为蓝本。但是也有人认为其上刻画的不是萨珊王朝的帝王，而是贵霜—萨珊王朝的佩罗兹国王或者是阿尔达希尔国王。这些萨珊王朝时代的银盘反复刻画了国王击败狮子、熊、老虎和野猪等猛兽的英姿，都是古代西亚用于彰显帝王权威的典型图像。也有人认为这些银盘是在宫廷宴会上分发给诸侯使用的。

萨珊锻造银盘，公元 5 世纪～ 6 世纪，大英博物馆藏

莲花纹鎏金银钵

萨珊波斯王朝（公元 224 ~ 651 年）

伊朗

直径 22.4 厘米，高 6.2 厘米，重 310 克

Gilded Silver Bowl

Sassanid Persian Dynasty (ca. 224-651 CE)

Iran

Diam. 22.4 cm, H. 6.2 cm, Wt. 310 g

　　六枚花瓣呈环状分布，共有两层，包围着中心坐着的一对男女。右侧男性手中握着刻有白羊形象的来通杯。看起来像是一场婚宴，但是在花心四周的花瓣上，还镌刻着或弹奏琵琶或吹笙或跳舞的年轻女性，以及坐着饮酒的男性形象，因此也可能描绘的是王侯贵族所追捧的酒宴场景。女性们都穿着中亚伊朗风格的外衣。此器侧面刻有巴列维文字，记载着所有者的姓名和器物重量。

莲花纹鎏金银钵纹饰线描图，引自古代オリエント博物馆编，《シルクロードの貴金属工芸 正倉院文化の源流》，1981 年，页 16

丝路留金

亚洲文明古国冶金艺术

284

凤鸟纹鎏金银壶

萨珊波斯王朝（公元 224 ~ 651 年）

阿富汗

宽 22.2 厘米，纵深 19.7 厘米，高 48.5 厘米，重 2300 克

Gilded Silver Pot

Sassanid Persian Dynasty (ca. 224–651 CE)

Afghanistan

W. 22.2 cm, D. 19.7 cm, H. 48.5 cm, Wt. 2300 g

　　壶颈、壶身以及底座部分都由单块银板制作，最后熔接而成。手柄也为铸造连接，顶部有圆珠，两端有兽首装饰。壶身的两侧镌刻有浮雕大鸟，并用连珠纹样将其包围，整体背景镀金。该鸟背后环绕巨大光环，且尾羽极长，让人联想到雉鸡。此种类型的图案在波斯的银器、古粟特的染色织物中都时有发现，都围绕着长且密集的连珠纹样，后方还飘舞着长长的丝带。一般认为在宫廷宴会和祭祀仪式等场合用于盛放美酒。相较于萨珊王朝的酒壶，此器体积过大，或为伊朗高原东部后萨珊王朝时期的产物。

萨珊波斯银壶，
美国大都会艺术
博物馆藏

饰古希腊神话特洛伊场景鎏金
银胡瓶，1983 年宁夏固原李贤
墓出土，宁夏回族自治区固原
博物馆收藏

礼赞之金

Buddha Statues

早期佛教并无供奉佛像，主要以舍利塔、足印、佛经雕刻等象征符号作为祈拜对象。至公元1世纪，印度北部融合希腊化与印度风格雕塑形成犍陀罗佛教艺术，随着佛造像的产生，佛教艺术得以更加广泛传播。此后，佛教艺术向北通过丝绸之路传播至阿富汗、中亚及中国西部，最终到达朝鲜半岛及日本；向南借由南印度传播至斯里兰卡、泰国、缅甸及中国云南等地。公元2～14世纪佛教传播过程中，受犍陀罗艺术风格影响，并结合各地的艺术风格，形成了各具特色的艺术样貌。

In the early stages of Buddhism, there were no Buddha statues. The main objects of veneration were symbols like stupas, footprints, and Buddhist scriptures carvings. By the 1st century, a blend of Hellenistic and Indian styles in sculpture emerged in northern India, known as Gandhara Buddhist art. With the production of Buddha statues, Buddhist art spread more widely. Afterwards, Buddhist art spread northwards along the Silk Road to Afghanistan, Central Asia and western China, eventually reaching the Korean Peninsula and Japan. It also moved southwards, spreading through South India to Sri Lanka, Thailand, Myanmar, and Yunnan in China. During its spread from the 2nd to the 14th centuries, Buddhist art was influenced by Gandharan artistic styles and incorporated local artistic elements, resulting in distinctive regional variations.

犍陀罗

犍陀罗属于古印度十六国之一，其核心区域包括今巴基斯坦东北部和阿富汗东部，在我国汉朝时称"罽（jì）宾国"。《汉书·西域传》载："罽宾国，王治循鲜城，去长安万二千二百里。不属都护。"公元 1 世纪时，贵霜王朝兴起于印度北方，渐次扩张版图，至迦腻色迦王在位期间皈依了佛教，大量兴修佛教建筑，为犍陀罗艺术的产生和发展提供了温床。

212

佛塔形玻璃舍利盒

犍陀罗（公元 2 ~ 4 世纪）

巴基斯坦

宽 1.9 厘米，高 6 厘米，重 500 克

Dagoba

Gandhara (ca. 2nd-4th century CE)

Pakistan

W. 1.9 cm, H. 6 cm, Wt. 500 g

舍利塔塔身为玻璃制，其他部分为金制。舍利塔由四重塔刹、塔瓶和方形塔座构成，是典型的犍陀罗式舍利塔。

丰收女神铜坐像

嚈哒王朝（公元 5 ~ 6 世纪）

巴基斯坦

宽 6.5 厘米，纵深 7 厘米，高 14 厘米，重 1000 克

Copper Alloy Seated Fertility Goddess

Hephthalite Dynasty (ca. 5th-6th ccentury CE)

Pakistan

W. 6.5 cm, D. 7 cm, H. 14 cm, Wt. 1000 g

　　起源于小亚细亚弗里吉亚一带的丰收女神西布莉（Cybele，亦称库柏勒），被誉为众神之母。古希腊人将其与大地之母盖亚融合，后成为罗马的主要崇拜对象。从西方的罗马扩散到北方的索格德，驯服狮子的女性形象是跨越时空的装饰主题。古代的丰收女神不仅保佑丰收，还保佑多子、平安等。

214

释迦牟尼铜坐像

小勃律王国（公元 6 ～ 8 世纪）
巴基斯坦
宽 9 厘米，厚 4 厘米，高 12.5 厘米，重 340 克

Copper Alloy Seated Buddha
Lesser Bolü (ca. 6th-8th century CE)
Pakistan
W. 9 cm, D. 4 cm, H. 12.5 cm, Wt. 340 g

　　螺髻，身着通肩袈裟，在莲花座上结跏趺坐，右手结与愿印，
左手取衣裳的一端。以犍陀罗佛像为基础，从螺发、衣裳的取法、
衣纹的表现等又可以见古印度古普塔佛的影响，其风格接近公元
7 ～ 8 世纪克什米尔佛。

文殊菩萨铜坐像

小勃律王国（公元 6 ～ 8 世纪）

印度

宽 10 厘米，厚 6.5 厘米，高 18 厘米，重 1000 克

Copper Alloy Seated Manjushri Bodhisattva

Lesser Bolü (ca. 6th-8th century CE)

India

W. 10 cm, D. 6.5 cm, H. 18 cm, Wt. 1000 g

交二足结跏趺坐，带火焰背光，头戴宝冠，胸佩首饰，右手结与愿印，左手持莲花状花球。由于底座上配置左右两只狮子，推测为文殊菩萨。左右两侧还有带头光的胁侍。古代印度的文殊菩萨信仰在后古普塔王朝时期日益兴盛。

天冠弥勒菩萨铜造像

小勃律王国（公元 6 ~ 8 世纪）
巴基斯坦
宽 7.8 厘米，厚 5.5 厘米，高 16.7 厘米，重 400 克

Copper Alloy Seated Maitreya Bodhisattva

Lesser Bolü (ca. 6th-8th century CE)
Pakistan
W. 7.8 cm, D. 5.5 cm, H. 16.7 cm, Wt. 400 g

　　半跏趺坐于莲花座，右腿盘曲，左腿盈于莲花座上，右手结与愿印，左手执宝瓶。莲花座下有童子仰望。也是以婆罗门之形呈现的菩萨像，据推测为弥勒菩萨。

　　从头顶的三面冠饰和睁眼的表情等可以看出 8 世纪克什米尔菩萨像的特征。

天冠弥勒菩萨铜坐像

小勃律王国（公元 6 ~ 8 世纪）

印度

宽 18.5 厘米，厚 6 厘米，高 14.5 厘米，重 600 克

Copper Alloy Seated Maitreya Bodhisattva

Lesser Bolü (ca. 6th-8th century CE)

India

W. 18.5 cm, D. 6 cm, H. 14.5 cm, Wt. 600 g

　　以婆罗门之形呈现的菩萨像。于莲花座上结跏趺坐，右手施无畏印，左手持水瓶，束发垂下，据推测可能是弥勒菩萨。身上附有华丽的头饰、大耳饰及胸饰等，其特征为双眼圆睁、体型丰满纤美。从头顶的三面冠饰和睁眼的表情等可以看出 8 世纪克什米尔菩萨像的特征。

天冠菩萨鎏金铜立像

高丽王朝早期（公元 918 ～ 1392 年）
朝鲜半岛
宽 4.5 厘米，厚 4.2 厘米，高 12 厘米，重 270 克

Gilded Copper Alloy Standing Bodhisattva

Early Goryeo Dynasty (ca. 918-1392 CE)
Korean Peninsula
W. 4.5 cm, D. 4.2 cm, H. 12 cm, Wt. 270 g

　　头部偏大，戴低矮的三面头饰，面部丰满，双目狭长。右手屈臂执宝珠，左手垂下握取天衣。上半身赤裸，下身着裳。整体造型上身后拉，腰部细窄。底座在莲台下面设空。工艺严谨，有连珠等罕见表现。此像地域性及民族性风格较强，从头部到底座一体铸制，整体镀金保存较为完整。

释迦牟尼鎏金铜立像

统一新罗时代（公元 668～901 年）
朝鲜半岛
宽 4.4 厘米，厚 2 厘米，高 12 厘米，重 440 克

Gilded Copper Alloy Standing Buddha

Unified Silla Era (ca. 668-901 CE)
Korean Peninsula
W. 4.4 cm, D. 2 cm, H. 12 cm, Wt. 440 g

　　头部大而圆，面部宽而扁平。虽然面貌已
有磨损，但纤细的眼睛和内敛的嘴角却观之可
亲。身着通肩袈裟，腰部束紧，大腿部有分量感。
从头部到脚尖一体铸成，但目前表面呈褐色，
两只手丢失，从分离面的平滑处理来看，两手
或许从一开始就是分铸后进行连接的。

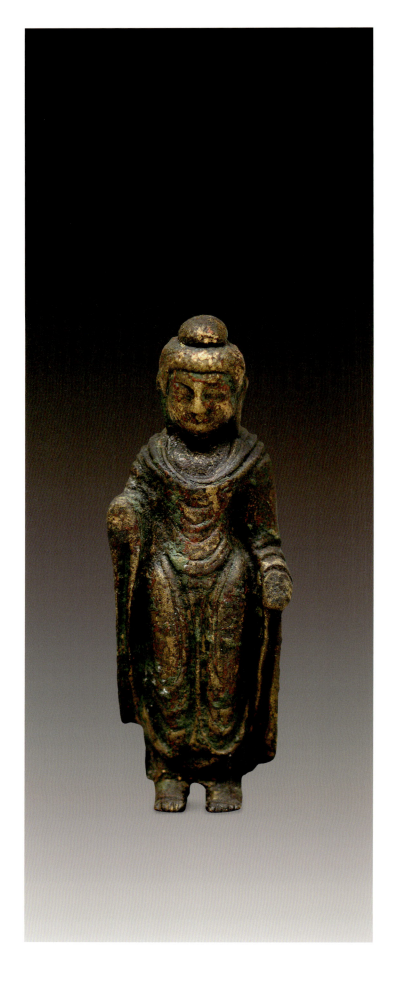

释迦牟尼鎏金铜立像

统一新罗时代（公元 668 ～ 901 年）
朝鲜半岛
宽 5 厘米，厚 3.5 厘米，高 10 厘米，重 170 克

Gilded Copper Alloy Standing Buddha
Unified Silla Era (ca. 668-901 CE)
Korean Peninsula
W. 5 cm, D. 3.5 cm, H. 10 cm, Wt. 170 g

　　头部很大，有张力，充满气骨。颈部粗，
刻有三道清晰颈纹。右手施无畏印，左手施与
愿印，双臂微张。虽说是小像，但着通肩袈裟，
充满整体力量感。从头部到脚尖都一体铸制，
镀金保存较为完好。

释迦牟尼鎏金铜立像

统一新罗时代（公元 668 ~ 901 年）
朝鲜半岛
宽 6.5 厘米，厚 6.5 厘米，高 23 厘米，重 800 克

Gilded Copper Alloy Standing Buddha

Unified Silla Era (ca. 668-901 CE)
Korean Peninsula
W. 6.5 cm, D. 6.5 cm, H. 23 cm, Wt. 800 g

　　配以稍大的螺髻，面部偏圆润，眉毛呈弧形，面貌表现较为内敛。服制是中国式的，大衣内穿僧祇支。右手屈臂轻拈第一指和第三指，左手垂下手掌向内，两腋收紧。从头部到脚尖都是一体铸制，目前头部表面因鎏金脱落呈偏黑色。底座是其他材质铸成后补。

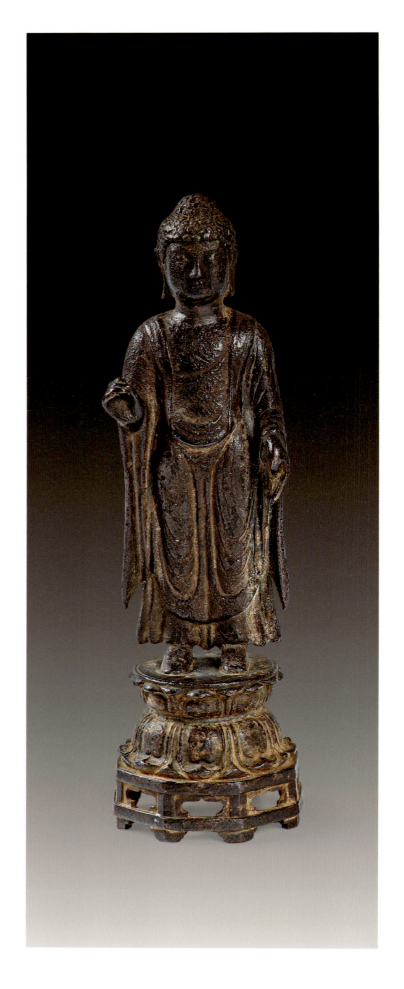

释迦牟尼鎏金铜立像

统一新罗时代（公元 668 ~ 901 年）
朝鲜半岛
宽 4 厘米，厚 4 厘米，高 11.5 厘米，重 140 克

Gilded Copper Alloy Standing Buddha

Unified Silla Era (ca. 668-901 CE)
Korean Peninsula
W. 4 cm, D. 4 cm, H. 11.5 cm, Wt. 140 g

  长脸，不饰螺发，有三道清晰颈纹。有两耳外扩的明显特征，抬起嘴角，充满微笑的面貌也令人印象深刻。右手施无畏印，左手结与愿印。身着通肩袈裟，上端折叠，微微袒露肩膀和前胸。大腿线条鲜明，有 U 字形衣纹。稍微倾斜上身，站在双重八角莲花座上。从头部到底座都是一体铸制，整体镀金保存完好。是统一新罗时代的典型如来立像。

223

释迦牟尼鎏金铜立像

波罗王朝（公元 8 ～ 12 世纪）
印度东北部
宽 7 厘米，厚 3.6 厘米，高 17 厘米，重 840 克

Gilded Copper Alloy Standing Buddha
Pala Dynasty (ca. 8th–12th century CE)
Northeastern India
W. 7 cm, D. 3.6 cm, H. 17 cm, Wt. 840 g

　　穿着通肩薄袈裟，紧贴身体。重心放在右脚并扭腰的表现是古代印度古普塔的艺术传统。右手垂下结与愿印，左手第三、四指弯曲拈衣裳一角。从尖肉髻和眼尾上扬等表现可以看出波罗王朝的特征。

224
——

菩萨结跏趺铜坐像

波罗王朝（公元 8 ～ 12 世纪）

印度尼西亚

宽 6 厘米，厚 4.5 厘米，高 11 厘米，重 240 克

Copper Alloy Seated Bodhisattva

Pala Dynasty (ca. 8th-12th century CE)

Indonesia

W. 6 cm, D. 4.5 cm, H. 11 cm, Wt. 240 g

　　虽然由于磨损难辨细节，但可看出长脸、高髻、眼鼻突起、嘴角上升。溜肩，从胸到腹部有起伏，小腹微鼓，肉身总体表现相对内敛。有胸饰、条帛、臂钏、腰饰等。双臂前屈，右手在膝盖上结与愿印，左手握莲茎。坐势是右腿向上搭的结跏趺坐，配置底座、背光。该造型上部仍存有圆形天盖，从天盖、背光到底座均为一体铸成。

印度教女神铜立像

朱罗王朝（公元 10 ～ 12 世纪）

南印度

宽 4.2 厘米，厚 3.3 厘米，高 8.6 厘米，重 110 克

Copper Alloy Goddess

Chola Dynasty (ca. 10th–12th century CE)

Southern India

W. 4.2 cm, D. 3.3 cm, H. 8.6 cm, Wt. 110 g

　　因磨损难辨细节。据其高髻，戴宝冠，面貌圆满，胸部丰满，被认为是印度教的女神甘格。手持一物，腰部扭向一侧，重心放在左脚上，右脚弯曲。甘格据说是源自喜马拉雅山的恒河神格化的女神。

天冠菩萨铜坐像

波罗王朝（公元 8 ~ 12 世纪）

印度尼西亚

宽 7 厘米，厚 6 厘米，高 12.9 厘米，重 420 克

Copper Alloy Seated Bodhisattva

Pala Dynasty (ca. 8th–12th century CE)

Indonesia

W. 7 cm, D. 6 cm, H. 12.9 cm, Wt. 420 g

　　高髻，装饰细致，垂发左右摆放。眉呈弓形，双目圆睁。厚唇，嘴角上扬，有轻微笑意。上半身有胸饰和 X 字形的璎珞环绕双乳及肚脐装饰。双臂带臂钏，肘尖前屈，右手结与愿印，左手持莲茎。莲茎沿着左臂伸展到肩上，莲台上隐有经卷痕迹。呈挺胸右腿上搭的结跏趺坐，底座是宣字座上放莲花座的形式。后部配置了龛状背光，上部似曾有天盖设计，现已只见突起。整个佛像及天盖背光为一体铸成。

227
——

铜神像

朱罗王朝（公元 10 ～ 12 世纪）
南印度
宽 5.8 厘米，厚 3.1 厘米，高 10.3 厘米，重 160 克

Copper Alloy Goddess

Chola Dynasty (ca. 10th–12th century CE)
Southern India
W. 5.8 cm, D. 3.1 cm, H. 10.3 cm, Wt. 160 g

　　因磨损难辨细节。中尊站在莲花座上，戴着宝冠、胸饰等，多臂手上各持一物。左右腋下各一个童子（或供养人），望向中尊。身后附有类似背光的设计。应当为印度教或佛教的神像。

乌玛女神铜立像

吴哥王朝（公元 802 ~ 1432 年）
柬埔寨
宽 6.5 厘米，厚 4.2 厘米，高 20.7 厘米，重 610 克

Copper Alloy Figurine of Uma
Angkor Dynasty (ca. 802-1432 CE)
Cambodia
W. 6.5 cm, D. 4.2 cm, H. 20.7 cm, Wt. 610 g

头戴宝冠，面相圆满，双目微张，嘴角微露笑容。耳朵、脖子、胳膊等戴着大首饰。也有可能是女神，身体胸部丰满，腰部收紧，细腻地表现出来。左手缺损，右手持花。乌玛是印度神话中湿婆的妻子之一，喜马拉雅神喜马瓦特的长女。常与湿婆形象同时出现。因其母不忍看到她努力禁食激烈修行的样子，而说"哦，停下（乌玛）"，所以被称为乌玛。

229
——

菩萨铜坐像

三佛齐王国（公元 7 ～ 14 世纪）

印度尼西亚

宽 7 厘米，厚 5.5 厘米，高 10.5 厘米，重 420 克

Copper Alloy Seated Bodhisattva

Samboja kingdom (ca. 7th-14th century CE)

Indonesia

W. 7 cm, D. 5.5 cm, H. 10.5 cm, Wt. 420 g

　　头部在锥形的高髻上散落细微的颗粒装饰。额头上有白毫，眉头凛冽，嘴唇偏厚。身体佩戴胸饰、臂钏、腕钏等首饰。四肢纤长，体形柔和。坐姿悠闲，右臂放置于右膝上，第一、三、四指轻拈于胸前。左臂持莲茎置于左膝上。莲茎缠在左臂上，并于肩上绽放。坐势，与印度尼西亚造型中的"安乐坐"相似。从头部到底座一体铸成。目前表面粗糙，可能经过焚烧。

铜佛手

素可泰王朝（公元 1238 ～ 1438 年）

泰国

宽 9.5 厘米，纵深 10 厘米，高 26 厘米，重 1750 克

Copper Alloy Hand of Buddha

Sukhothai Dynasty (ca. 1238-1438 CE)

Thailand

W. 9.5 cm, D. 10 cm, H. 26 cm, Wt. 1750 g

　　如来像的右手，细长而柔和。第一指和第二指轻拈，手掌向前。应
当是与造像分开铸造，再拼铸一体。风格属于素可泰王朝时期。

通货之金

Coins

　　横亘在亚欧大陆上的古代丝绸之路交通网络，不仅仅沟通了不同国家或地区之间的物资贸易交流，同时也推动了不同古代文明之间的互鉴与互融，丝绸之路在促进各地经济发展的同时也推动了人类文明的进步。丝绸之路上的古代国家，各自发行货币，在增加国家财政收入的同时，也支持和推动着贸易的发展。钱币不仅是交易的一般等价物，更被视作是国家信用的表达。钱币两面的图案和文字，一面代表"王权"，另一面表现"神权"，共同担保着钱币的价值。

　　The ancient Silk Road, spanning the continents of Asia and Europe, served not only as a conduit for the exchange of goods between different countries and regions but also facilitated cross-cultural interactions and mutual influences among various ancient civilizations. The Silk Road, while promoting economic development in different regions, also contributed to the advancement of human civilization. In the ancient states along the Silk Road, each of them issued their own currency. This not only increased the national revenue but also supported and drove the development of trade. Coins were not just a general medium of exchange; they were also seen as an expression of a nation's creditworthiness. The designs and inscriptions on the two sides of coins, with one side representing "royalty" and the other side depicting "divinity", jointly guaranteed the value of the currency.

克罗伊斯银币

吕底亚
公元前 561 ~ 前 546 年左右
直径 1.9 厘米，重 5 克

Silver Coin

Lydia
ca. 561–546 BCE
Diam. 1.9 cm, Wt. 5 g

　　吕底亚是世界上最早铸造货币的国家，该银币由吕底亚的国王、著名的大富豪克罗伊斯发行。银币的正面是对峙中的狮首和公牛头，狮子是吕底亚王室的象征。背面是两个矩形的刻印。

232

大流克金币

古波斯帝国
公元前 6 世纪
直径 1.9 厘米，重 17 克

Gold Coin

Old Persian Empire
ca. 6th century BCE
Diam. 1.9 cm, Wt. 17 g

　　整个阿契美尼德时代都在不断铸造金币，此为大流士一世发行的大流克金币，基本单位为 8.4 克。金币的正面是一位屈膝奔跑的帝王形象（或者祖先神的形象），手持象征王权的弓箭。背面是曲线组合的雕刻图案。

233

西格罗斯银币

古波斯帝国
公元前 5 ~ 前 4 世纪
直径 1.6 厘米，重 6 克

Silver Coin

Old Persian Empire
ca. 5th-4th century BCE
Diam. 1.6 cm, Wt. 6 g

    波斯的通用货币是银币，又称为"西格罗斯银币"，与金币一起由大流士一世发行，整个阿契美尼德王朝都在使用。和大流克金币一样，正面是屈膝奔跑的帝王形象（或者祖先神的形象），手持象征王权的弓箭。背面是矩形的刻印。

234

以弗所银币

希腊古典时代
公元前 4 世纪
直径 2.4 厘米，重 15 克

Silver Coin

Ancient Greece
ca. 4th century BCE
Diam. 2.4 cm, Wt. 15 g

    德拉克马银币铸造于爱奥尼亚的古城以弗所。据说 1 德拉克马（约 4 克）相当于当时 1 天的工资。正面是象征多产和繁荣的蜜蜂。蜜蜂在以弗所被认为是守护女神阿尔忒弥斯的圣虫。背面的鹿也是守护女神阿尔忒弥斯的灵兽。

科林斯银币

公元前 4 世纪
希腊科林斯
直径 2.2 厘米，重 8 克

Silver Coin

4th century BCE
Corinth, Greece
Diam. 2.2 cm, Wt. 8 g

　　这是与雅典相邻的城邦科林斯的钱币。上面镌刻着科林斯的象征——飞马珀伽索斯的图案。正面是带有羽翼的飞马珀伽索斯翱翔的身姿。据说科林斯的英雄柏勒洛丰在佩雷内泉捕获了飞马，并击退了怪物喀迈拉。背面是智慧女神雅典娜，头戴科林斯式头盔——一种可以将头部全部遮住的头盔。

236

锡拉库萨银币

公元前 317 ～ 前 310 年
西西里岛锡拉库萨
直径 2.6 厘米，重 17 克

Silver Coin

ca. 317-310 BCE
Syracuse, Sicily
Diam. 2.6 cm, Wt. 17 g

　　意大利西西里岛上的小镇锡拉库萨，是作为古希腊的殖民地发展起来的。钱币正面是锡拉库萨的海洋女神阿瑞社萨的左脸，四周环绕着三只海豚。背面是一辆飞驰的四马二轮战车，上面是锡拉库萨的象征——三只腿连在一起奔跑的形象（又称三腿图，是由三条腿组成的徽章）。

塔兰敦银币

公元前 240 ~ 前 228 年左右
南意大利塔兰敦
直径 2.1 厘米，重 7 克

Silver Coin

ca. 240–228 BCE
Taranton, South Italy
Diam. 2.1 cm, Wt. 7 g

　　希腊的殖民城市塔兰敦（今塔兰托）的钱币。正面是一名头戴阿提卡式头盔的骑兵，骑在疾驰的马上。背面是骑海豚的塔兰敦，他是城市的祖神、海神波塞冬的儿子。左手握着三叉戟，右手举着来通。

238

亚历山大三世银币

马其顿王国
公元前 336 ~ 前 323 年
马其顿
直径 3.4 厘米，重 40 克

Silver Coin

Macedonian kingdom
ca. 336–323 BCE
Macedonia
Diam. 3.4 cm, Wt. 40 g

　　亚历山大三世（即亚历山大大帝）建立了从希腊延伸到印度河的大帝国。印有国王头像的钱币在此后成为各王朝铸造钱币的范本。正面是披着传说中的"尼米亚之狮"的毛皮的亚历山大大帝。他将自己装扮成希腊最伟大的英雄赫拉克勒斯的形象。背面是巨神宙斯的坐像，右手持鹰。

亚历山大三世金币

马其顿王国
公元前 336 ~ 前 323 年
马其顿
直径 2.2 厘米，重 17 克

Gold Coin

Macedonian kingdom
ca. 336-323 BCE
Macedonia
Diam. 2.2 cm, Wt. 17 g

　　亚历山大大帝为了远征的军费发行的史塔特金币。史塔特是作为特殊奖励赠予武将们的。正面是战神雅典娜，头戴科林斯式头盔。背面是站立着的胜利女神尼姬，背上有长长的羽翼。

240

利西马科斯银币

公元前 323 ~ 前 281 年
色雷斯
直径 3.1 厘米，重 17 克

Silver Coin

ca. 323-281 BCE
Thrace
Diam. 3.1 cm, Wt. 17 g

　　利西马科斯是曾侍奉亚历山大大帝的马其顿将军。在亚历山大大帝去世后，他作为继承人之一，统治了色雷斯和小亚细亚的部分地区。

　　钱币正面是头上长着埃及阿蒙神的羊角的亚历山大大帝头像。利西马科斯发行的银币并未刻画亚历山大大帝的肖像，而是将其塑造成了阿蒙神的形象。背面是战神雅典娜的坐像，身靠盾牌，肩扛长矛，伸出的右掌上站着胜利女神尼姬。

241

塞琉古一世银币

塞琉古王国
公元前 312 ~ 前 281 年
叙利亚
直径 2.8 厘米，重 17 克

Silver Coin

Seleucid Kingdom
ca. 312-281 BCE
Syria
Diam. 2.8 cm, Wt. 17 g

　　塞琉古一世是曾侍奉亚历山大大帝的一名武将。在亚历山大大帝去世后，他作为继承人之一，统治了西亚，被称为"尼特尔"，即"胜利者"的意思。钱币正面是塞琉古一世的头像，戴有装饰着牛耳、牛角和豹皮的头盔。背面是给作为战利品的俘虏加冕的尼姬女神，据说这是胜利纪念碑的起源。

专题二　通货之金

319

242

托勒密一世银币

托勒密王国
公元前 305 ~ 前 283 年
埃及
直径 2.8 厘米，重 15 克

Silver Coin

Ptolemaic Kingdom
ca. 305-283 BCE
Egypt
Diam. 2.8 cm, Wt. 15 g

　　托勒密一世是亚历山大大帝的一名直属将军。他创立了埃及的托勒密王国，让埃及重获繁荣。钱币正面是亚历山大大帝的头像，戴着象头形状的头盔。背面是手持长矛和盾牌，处在迎战状态的雅典娜女神，象征着宙斯的鹰在其脚下。

阿尔西诺伊金币

马其顿王国
公元前 2 世纪
埃及
直径 2.8 厘米，重 28 克

Gold Coin

Macedonian kingdom
ca. 2nd century BCE
Egypt
Diam. 2.8 cm, Wt. 28 g

　　在阿尔西诺伊二世（公元前 316 ～前 270 年）去世后发行的 8 德拉克马。因此金币正面的头像上，蒙着象征死亡的面纱。其死后被神化。钱币正面是托勒密一世的女儿——阿尔西诺伊二世。她在嫁给拉古斯后，成为托拉奎亚和马其顿的女王，后来和弟弟托勒密二世一起统治埃及。背面是丰饶之角，两侧有文字，意思是充满兄弟爱的阿尔西诺伊。

丝路留金

亚洲文明古国冶金艺术

安东尼与克利奥帕特拉七世银币

托勒密王国
公元前 37 ～前 30 年
埃及
直径 2.5 厘米，重 15 克

Silver Coin

Ptolemaic Kingdom
ca. 37-30 BCE
Egypt
Diam. 2.5 cm, Wt. 15 g

　　该钱币记录了埃及最后的女王——克利奥帕特拉七世的容貌，极为珍贵。正面是共和时期的罗马将军马尔库斯·安东尼。该银币被认为是他在与克利奥帕特拉结婚的公元前 37 年左右，于安蒂奥基亚发行的。背面是戴着王冠的埃及艳后克利奥帕特拉七世。高高的鹰钩鼻很有特点。周边文字的意思是女王克利奥帕特拉，年轻的女神。

奥古斯都银币

罗马帝国

公元前 27 ～公元 14 年

罗马

直径 2.5 厘米，重 12 克

Silver Coin

Roman Empire

ca. 27 BCE-14 CE

Rome

Diam. 2.5 cm, Wt. 12 g

    盖约·屋大维是罗马帝国的第一代皇帝，即后来的奥古斯都。他结束了长达一个世纪的内乱，为罗马的和平奠定了基础。钱币正面是打败了克娄巴特拉和安东尼的联合部队的盖约·屋大维肖像。他于公元前 27 年被授予"奥古斯都"的称号，成为实质上的皇帝。背面是被月桂树叶冠环绕的有鱼尾的山羊（摩羯座）和丰饶之角，表示盖约·屋大维出生于摩羯座。

246

尼禄铜币

罗马帝国

公元 54 ～ 68 年

罗马

直径 3.6 厘米，重 28 克

Coins

Roman Empire

ca. 54-68 CE

Rome

Diam. 3.6 cm, Wt. 28 g

    古罗马第五代皇帝尼禄。他最初拜哲学家塞涅卡为师，施行善政，后来逐渐变成暴君，被元老院强迫退位并自杀。钱币正面是尼禄的头像，特征是厚重的双下巴。他于公元 64 年有唆使纵火烧罗马之嫌，并把基督徒诬蔑为纵火犯，进行大规模的迫害。背面是罗马的拟人化的神灵，手持胜利女神维多利亚（尼姬）而坐。两侧的字母 SC，表示由元老院发行。

哈德良金币

罗马帝国
公元 117 ~ 138 年
罗马
直径 1.9 厘米，重 7 克

Gold Coin

Roman Empire
ca. 117-138 CE
Rome
Diam. 1.9 cm, Wt. 7 g

  从奥古斯都到五贤帝执政（公元 96 ~ 180 年），这段时期给罗马世界带来了和平与繁荣，被称为"罗马的和平"。钱币正面的头像为五贤帝之一哈德良。此人热爱希腊文化，在帝国领土上四处游历，并在领土的北侧也就是英国的北部建立了"哈德良长墙"。背面是手持棍棒的赫拉克勒斯的立像，在一间有底座的神殿里，两名女性侍立两侧。这是为纪念皇帝访问西班牙加的斯而发行的金币，在设计上体现了当地的赫拉克勒斯神殿。

马库斯·科克乌斯金币

罗马帝国
公元 161 ~ 180 年
罗马
直径 2.1 厘米，重 7 克

Gold Coin

Roman Empire
ca. 161-180 CE
Rome
Diam. 2.1 cm, Wt. 7 g

  马库斯·科克乌斯是古罗马帝国五贤帝时代的第一位皇帝。他不仅是罗马帝国最强盛时期的皇帝，同时也是斯多葛派的哲学家，被称为"哲学家皇帝"。

  钱币正面是马库斯·科克乌斯的头像。据《后汉书》记载，公元166年，大秦王安敦来过一位使者，有推测认为正是这位皇帝，但没有定论。背面是全身武装，举起右手的马库斯·科克乌斯骑马像。

米特拉达梯二世银币

帕提亚王国

公元前 128 ～前 88 年左右

直径 2.9 厘米，重 15 克

Silver Coin

Parthian Empire

ca. 128-88 BCE

Diam. 2.9 cm, Wt. 15 g

　　由伊朗游牧民族阿萨息斯建立的帕提亚，与罗马帝国进行了长期的反复斗争。

　　钱币正面是帕提亚最盛时期的国王米特拉达梯二世的头像。国王的肖像不再使用希腊罗马的现实主义风格，反而强调传统游牧民族的装束。该设计成为这一时期的特定表现形式。背面是祖先神阿萨息斯的坐像。头戴游牧民族特有的三角形的弗里吉亚帽（来自土耳其的弗里吉亚地区），手持弓，身穿长袖上衣。

弗拉特斯四世银币

帕提亚王国

公元前 38 ～前 2 年左右

直径 2.9 厘米，重 17 克

Silver Coin

Parthian Empire

ca. 38-2 BCE

Diam. 2.9 cm, Wt. 17 g

　　身为帕提亚之王，弗拉特斯四世阻止了罗马军的入侵，于公元前 20 年与奥古斯都缔结了和平协议，却被罗马赠送的妻子穆萨所杀。钱币正面是弗拉特斯四世的半身像。身穿传统的民族服装，能看出精心修剪过的头发和胡须。线描的表现手法很是突出。背面右侧是手拿丰饶之角的罗马幸运女神堤喀，左侧是坐在宝座上的弗拉特斯四世。

芝诺比娅铜币

公元 272 年

帕尔米拉

直径 2.1 厘米，重 3 克

Copper Coin

ca. 272 CE

Palmyra

Diam. 2.1 cm, Wt. 3 g

公元 272 年，败给罗马军队的帕尔米拉被夷为平地，芝诺比娅被金链捆绑，在罗马市内游街。芝诺比娅是丝绸之路上的绿洲——帕尔米拉的女王。她曾反抗过罗马的统治。其作为女王的形象被刻在了铜币正面上。背面是罗马的主神朱庇特的妻子朱诺的形象。她手里拿着法杖和仪式用的盘子帕特拉，脚下是圣鸟和孔雀。

德米特里一世银币

巴克特里亚王国

公元前 200 ～ 190 年左右

希腊

直径 3.4 厘米，重 17 克

Silver Coin

Greco-Bactrian Kingdom

ca. 200-190 BCE

Greece

Diam. 3.4 cm, Wt. 17 g

巴克特里亚王国是建立在中亚、阿富汗北部的希腊化国家。钱币正面是德米特里一世的头像，戴着象头形状的头盔，象征着印度的征服者。该银币的发行，被认为是纪念帝王将领土扩张到了犍陀罗地区。背面是赫拉克勒斯。他左手拿着棍棒和尼米亚之狮的毛皮，右手欲为自己戴上胜利之冠。

253
———

欧克拉提德一世银币

巴克特里亚王国
公元前 174 ~ 前 145 年左右
希腊
直径 3.3 厘米，重 17 克

Silver Coin

Greco-Bactrian Kingdom
ca. 174-145 BCE
Greece
Diam. 3.3 cm, Wt. 17 g

　　欧克拉提德一世率领的巴克特里亚王国，从塞琉古王国独立，征服了犍陀罗地区，并将希腊文化引入该地区。

　　钱币正面是头戴牛角头盔，手持长矛的欧克拉提德一世的形象。这是一幅罕见的表现裸背的钱币雕刻，似乎是为了强调他背部的肌肉。背面是骑马的双胞胎英雄卡斯托和波利迪乌凯斯。两人都是宙斯的儿子，被当作战神来崇拜。

254
———

米南德一世银币

希腊·印度
公元前 160 ~ 前 130 年左右
印度
直径 2.8 厘米，重 10 克

Silver Coin

Greece-India
ca. 160-130 BCE
India
Diam. 2.8 cm, Wt. 10 g

　　希腊国王米南德一世在公元前 2 世纪后半期，统治了阿富汗、印度北部。在佛经里以弥兰陀王的名字出现。钱币正面是头戴王冠，手持长矛的米南德一世形象。该银币的制作仿照了巴克特里亚钱币的样式。背面是手持盾和雷的雅典娜。与正面使用的希腊文字不同，背面是用佉卢文写着米南德一世的名字。

専題二　通货之金

325

阿泽斯二世银币

印度·斯基泰王国
公元前 35 ~ 前 12 年左右
印度
直径 2.4 厘米，重 9 克

Silver Coin

India-Scythia Kingdom
ca. 35-12 BCE
Diam. 2.4 cm, Wt. 9 g

　　印度斯基泰王国是由公元前 1 世纪左右，从中亚南迁到印度的斯基泰人建立的。斯基泰人模仿当地的希腊货币，发行了自己的货币。钱币正面是穿着铠甲，高举双手的阿泽斯二世骑马像。以勇猛和骑术闻名的斯基泰人，越过帕米尔高原，摧毁了印度的格力克王国。背面是手持长矛和盾牌的战斗守护女神雅典娜。

维玛·卡德菲斯金币

贵霜王朝
公元 90 ~ 144 年左右
直径 2.5 厘米，重 16 克

Gold Coin

Kushan Dynasty
ca. 90-144 CE
Diam. 2.5 cm, Wt. 16 g

　　维玛·卡德菲斯是迦腻色迦的先人。据传与《后汉书》西域传中的"阎膏珍"是同一人。其发行的金币和罗马金币的单位一致。正面是双脚放在脚凳上，右手拿着树枝，有火焰从肩上升起的维玛·卡德菲斯形象。周边用希腊文写着他的名字。背面是右手握着三叉戟的风神和一头瘤牛。周边用佉卢文写着维玛·卡德菲斯的名字。

迦腻色伽金币

贵霜王朝

公元 2 世纪前半叶

直径 2.1 厘米，重 8 克

Gold Coin

Kushan Dynasty

the first half of the 2nd century CE

Diam. 2.1 cm, Wt. 8 g

　　贵霜王朝是由伊朗裔的贵霜人从印度西北部迁到中亚建立的。在迦腻色迦统治时期达到了巅峰。钱币正面是有火焰从肩上升起的站着的迦腻色迦，右手伸向拜火坛，左手握着长矛。筒状的长袖上衣和长靴是骑马民族的传统服饰。背面是双手展开斗篷奔跑着的有羽翼的风神，以及希腊风神阿尼摩斯的铭文。其设计表明，将风和大气拟人化的希腊造型手法，已经传到了中亚。

258

迦腻色伽金币

贵霜王朝

公元 3 世纪前半叶

直径 2.0 厘米，重 8 克

Gold Coin

Kushan Dynasty

the first half of the 3rd century CE

Diam. 2.0 cm, Wt. 8 g

　　迦腻色迦是著名的佛教保护者，犍陀罗是佛教美学的中心，融合了印度、希腊和中亚的文化。钱币正面是有火焰从肩上升起的站着的迦腻色迦，右手伸向拜火坛，左手握着长矛。周边是用希腊文刻的巴克特里亚语里的迦腻色迦的名字。背面是左手持佛衣一角，右手施无畏印的佛陀像。佛陀有头光和背光。还有用希腊文刻的佛陀铭文。

阿尔达希尔一世银币

萨珊波斯王朝

公元 224 ～ 241 年

直径 2.6 厘米，重 4 克

Gold Coin

Sassanid Persian Dynasty

ca. 224-241 CE

Diam. 2.6 cm, Wt. 4 g

　　公元 226 年，阿尔达希尔一世打败了帕提亚，试图复兴阿契美尼德波斯，自封"众王之王"。钱币正面是阿尔达希尔一世的右脸。头戴圆帽状的王冠，上面有特征鲜明的球形装饰，王冠下露出长长的卷发和冠缨。背面是琐罗亚斯德教的拜火坛和宝座，用巴列维文刻着"阿尔达希尔之火"。

霍斯劳二世金币

萨珊波斯王朝

公元 591 ~ 628 年

直径 2.5 厘米，重 4 克

Gold Coin

Sassanid Persian Dynasty

ca. 591-628 CE

Diam. 2.5 cm, Wt. 4 g

　　萨珊王朝扩张了领土，融合了东西方文化的独特文化蓬勃发展，并通过丝绸之路对欧洲、中国和日本造成了影响。钱币正面是霍斯劳二世的正面像，头戴由鹰的翅膀、新月和星星组成的王冠。据说霍斯劳二世被认为是萨珊王朝最后一位伟大的君王。背面是霍斯劳二世的站姿，他将长剑刺入大地，面向前方。

261

巴赫拉姆一世金币

库沙诺·萨珊王朝

公元 4 世纪前半叶

直径 3.2 厘米，重 8 克

Gold Coin

Kusano Sassanid Dynasty

the first half of the 4th century CE

Diam. 3.2 cm, Wt. 8 g

　　从 3 世纪中叶开始的大约 1 个世纪里，萨珊王朝统治了曾经由库沙诺王朝统治的巴克特里亚地区，建立了库沙诺·萨珊王朝。钱币正面是站姿的巴赫拉姆一世，左手握着三叉戟，右手伸向拜火坛。头戴有大公羊角的王冠，火焰从肩上升起。

　　背面是左手握着三叉戟，右手抚着冠缨的风神和一头瘤牛。

阿尔洪银币

嚈哒
公元 5 世纪左右
直径 2.5 厘米，重 4 克

Silver Coin

Hephthalite
ca. 5th century CE
Diam. 2.5 cm, Wt. 4 g

　　从中亚南迁的游牧民族嚈哒，威胁到了萨珊王朝，还发行了独具特色的银币。正面是王的头像。之所以头顶又长又尖，是因为头骨变形。这在伊朗游牧民族看来是高贵的象征。背面设计遵循萨珊王朝钱币的传统。两名王侯站立在拜火坛的两侧。

特勤银币

西突厥
公元 7 ~ 8 世纪左右
直径 2.9 厘米，重 3 克

Silver Coin

Western Turkic
ca. 7th-8th century CE
Diam. 2.9 cm, Wt. 3 g

突厥系游牧民族崛起，从草原到中亚地区建立起庞大的帝国，于公元 6 世纪末分裂为东西两部分。西突厥统治了中亚。钱币正面是西突厥特勤的胸像，头戴装饰着鸟头的王冠。该形象不具备写实性。周边是用希腊文字和布拉夫米文字刻成的铭文。背面是面向前方的太阳神，模仿波斯萨珊王朝的钱币设计。用巴列维文字刻着特勤的名字。

结语

　　亚欧大陆上跨越四千年的金属艺术，不仅产生了冶铸技术的传承与革新、艺术风格的融合与碰撞，更成就了文明的交流与互鉴。文物是发展的见证，历史是时代的回响。数千年的金风激荡，吹不散丝路上的驼铃叮当。

　　丝绸之路的开辟和发展促进了东西方的经济繁荣、文化交流、科技进步和地理探索。"一带一路"作为建设人类命运共同体的重要纽带，在当今世界具有重要的时代意义。多元一体的中华民族创造的中华文化，是世界四大文明古国中，唯一从未中断文化传统、绵延至今的古老而灿烂的民族文化。历史上的中国文化开放包容，兼容并蓄，创造了无与伦比的辉煌成就；今天的国人更应坚定文化自信，秉持开放包容，坚持守正创新，为中华民族伟大复兴贡献力量，赓续历史文脉，谱写当代华章。

Conclusion

The metal art spanning four thousand years on the Eurasian continent has not only led to the continuity and innovation of metallurgical techniques, the fusion and collision of artistic styles, but has also fostered the exchange and mutual influence of civilizations. Artifacts serve as witnesses of development, and history echoes the passage of eras. For thousands of years, the wind on the Silk Road has been ringing camel bells, and civilizations have always continued and communicated.

The beginning and development of the Silk Road have propelled economic prosperity, cultural exchange, technological advancement, and geographic exploration in both the East and the West. The "Belt and Road Initiative", as a vital link in building a community with a shared future for mankind, holds great significance in today's world. The rich and diverse Chinese culture, created by the multi-ethnic Chinese nation, is the only ancient and brilliant national culture among the world's four great ancient civilizations that has never ceased its cultural tradition and continues to flourish. Historically, Chinese culture has been open, inclusive, leading to unparalleled achievements. Today, the Chinese people should maintain cultural confidence, uphold openness and inclusiveness, adhere to integrity and innovation, and contribute to the great rejuvenation of the Chinese nation, carrying forward the historical heritage and composing a contemporary chapter for China.

策展手记

跨文明背景下进境展览的策划与实施：

以"丝路留金——亚洲文明古国冶金艺术"展览为例

深圳博物馆 / 刘芷辰、王文丽

由深圳博物馆与平山郁夫丝绸之路美术馆联合举办的"丝路留金——亚洲文明古国冶金艺术"展览于 2023 年 12 月 22 日至 2024 年 4 月 7 日在深圳博物馆古代艺术馆展出，展览历时四个月，参观人数达十四万，取得了良好的社会反响。在本次展览的策划实施过程中，刘芷辰作为深圳博物馆馆方策展人，负责展览图文内容编校、展务统筹执行等工作，王文丽则负责展览形式设计及施工管理，以下将共同针对展览从发起到实施再到顺利完成的各阶段进行详述。

一、展览缘起

平山郁夫丝绸之路美术馆由著名画家、联合国教科文组织前亲善大使平山郁夫与夫人美知子于 2004 年在日本山梨县建立。平山郁夫先生一生致力于对丝绸之路沿线文化遗产的研究和保护，曾 70 多次考察丝绸之路，行程累计 80 万公里，其所创建的美术馆中汇集了平山夫妇几十年间所收集的近万件绘画、雕刻、工艺品等，旨在传播丝绸之路上的多元文明。近年来，该馆的展品在中国境内进行了多次专题展出，与深圳博物馆联合主办的"从地中海到中国——平山郁夫丝绸之路馆藏文物精粹"（2019 年）是该馆的展品在中国境内的第一个巡展，精选出馆藏的佛造像、金银器、玻璃器等各类艺术珍品，由此向国内观众掀开了平山郁夫丝绸之路美术馆藏亚欧大陆文明精品的面纱；"澄凝灼烁——丝绸之路上的古代玻璃艺术"（2022 年）是我国从该馆引进的第二个展览，展览聚焦于丝绸之路沿线的玻璃艺术，在首次合作的基础上，更加深入、集中地展示了丝路沿线砂与火的碰撞带来的文明交汇。以上两次引进展均受到了社会各界的广泛好评，也愈发激起了观众对平山郁夫藏丝绸之路文物的了解与好奇。2023 年时值"一带一路"倡议提出十周年，我馆因而在此背景与契机下，再度联合平山郁夫丝绸之路美术馆，以丝绸之路沿线的冶金艺术为主题，共同举办此次展览，在深圳市宣传文化事业发展专项基金的支持下，实现了两馆之间的第三次成熟友好合作。

二、内容策划

1. 展览定位：

在展览筹备之初面对的第一个问题便是对展览的定位，即策展人对展览的目标和效果设定。此次展览引进的平山郁夫丝绸之路美术馆藏品数量丰富、种类齐全、功能多样、形制各异，为展览的策划提供了充足的空间和余地，以及随之而来不容忽视的挑战——如何在数量庞大、背景复杂且体型偏小的金属制品面前讲好故事。首先，每个展品所呈现的除了展品本身的外观、材质、工艺外，还有其所属的文化背景，甚至是传承发展过程中所反映的文明交流与互鉴。而对于一场汇集丝路沿线诸多文明古国金属制品的展览，最直观且有效的切入点正是其身后的文明交融与其身前的冶金艺术——以上两者共同成就了传衍至今的璀璨艺术。因此，对于此展览的整体期许，应当着力于表现各类文明的交相辉映，呈现不同时代的冶金艺术特色；而非大百科全书式的文明科普，或是单调重复的货架式展品铺陈。

2. 内容架构

作为引进展，本次展览的展品全部由平山郁夫丝绸之路美术馆提供，本次展出 263 件 / 套平山郁夫丝绸之路美术馆藏亚洲文明古国金属制品，由于展览的文明背景复杂、展品形制多样，在对展品及其时代背景进行深入分析后，拟以文明的进程作为展览的整体背景和主要框架。由于展品所属的时代和地域跨度较大，不同王朝和文明在时间与地域交错的网罗中重叠明灭，对不熟悉中亚西亚文明史与考古史的观众而言，观展过程中遽然呈现的大量陌生信息极易造成信息拾取"水土不服"。因此，在展览策划过程中便须开宗明义、厘定核心，根据冶金艺术的整体发展情况，在时间脉络上划分为三段：公元前第三千纪至第二千纪代表着冶金艺术的草创阶段；公元前一千纪人类社会开始进入铁器时代；公元前后从希腊化时期到中世纪，文明的交汇进一步推动了冶金艺术的风格交融与价值拓展。在以上主要框架的基础上，再依据地域级时间线的特点，确定展览的细分章节，第一单元"金工肇造"下设"苏美尔文明""哈拉帕文明""阿姆河文明"三节，以两河流域为纽带，来展示该地区及其周边地区在冶金艺术肇建之初的森罗万象；第二单元"金彰华彩"下设"新亚述帝国""新埃兰和米底王国""古波斯帝国"三节，以亚述和乌拉尔图的对抗，埃兰、米底和波斯的迭代为脉络，来介绍铁器时代以来冶金艺术的异彩纷呈；第三单元"金有五色"下设"希腊化王国""贵霜王朝""萨珊波斯王朝"三节，则以亚历山大大帝的扩张为版图，探索亚欧大陆上更晚近更广袤的时空里，冶金艺术的百花齐放。此外，展品中另有丝绸之路沿线的佛造像 18 件、金银货币 33 枚，此两类展品自成体系，与其拆散置入前述的展览脉络中，不如维持其主题的特性，在展览最后各自独立成为一个专题，即专题一"礼赞之金"，专题二"通货之金"。要之，以此"三加二"式的展览架构，一则利于维持各章节的体量平衡，二则在设置上更便于使各部分详略得当、疏密有致。

3. 展品亮点

除前所述展品之概况外，在展览由内容构思到形式设计之间，着重考虑了展品的亮点加以设计。首先，部分重点展品的出现具有独特的时代意义，如一号展品"四轮铜牛车"作为此展览中年代最早的一件展品，展现了苏美尔早期王朝时期即已出现的牛车造型，"女神铜坐像"是目前鲜见的哈拉帕文明铜塑女性像，故在展品陈列规划时即可以将此类重点展品在展陈中置于独立展柜或重点展位以提纲挈领；第二，在亚欧大陆长达几千年的金属时代中，许多独特的纹饰与图样持续地传承与发展，如本展览中多次出现的"裂瓣纹""双兽首""一人双兽""有翼神兽"等图样，针对此类展品，则可以从展品及其所代表的文明艺术中提取代表性的纹饰，作为展览的部分装饰；第三，展览中尚有许多在亚洲冶金艺术发展史上源远流长，甚至在中国的金工传统中也曾崭露头角的一些文物，如"裂瓣纹铜盘""来通杯""青铜连枝灯"等，在展览设计中除了对此类展品的基本展示和介绍，更着墨于其在文化传承与文明交流过程中的影响。

三、形式设计

1. 场地分析

在内容框架基本确立后，展览的形式设计无疑决定了此展览的最终呈现。由于本展览为引进展，展品表现与文化背景与国内观众所熟知的中华文化既有差异又存联系，因此在展陈设计中有意地放大差异，并藉由联系塑造亮点。由于此展览中文物的体量相对小而美，故而在展场选择上将目光聚焦于深圳博物馆古代艺术馆的7、8、9号展厅，在阶梯式展楼中选取三间连续递进的专题展厅，将展厅按照内容合理有序划分，利用三间展厅的建筑分隔带来展览框架上各章节的物理顿挫，使展陈层次分明、富有节奏感。同时，展厅的挑高差异又可以造成视觉上的收放自如，实现观展大环境的和谐自在，从而令观众充分利用空间布局特点，获得满意的观展体验（图1）。

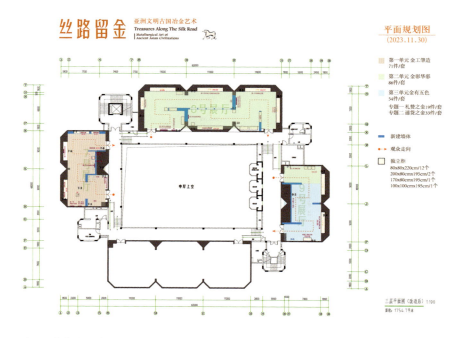

图1　展览平面图

2. 平面设计

在展览的平面设计中，主概念是在曲线上沿用展览中河流作为文明发源地的印象，设计河流观感的曲线作为主要装饰，在外框上则借用古代亚欧大陆城邦宫殿建筑的宏伟印象，多处化用成为边框装饰。在此基础上，冶金艺术展览的配色理念，顾名思义，即从金属冶炼这一过程提取而来，先用矿金色作为基础色，然后过渡到驼色、浅驼色，再到代表金属光泽的橘黄色作为强调色，以此四种颜色作为展览的基础配色，与金属冶炼的整体过程相呼应（图2）。

图 2　展览配色

主要字体的选用，首先考虑到在展览的文明背景中起到重要作用的楔形文字，由苏美尔人发明的楔形文字从美索不达米亚开始，在漫长的历史长河中，如埃兰、亚述、巴比伦等文明均不断将其发展沿用。因此在展览中，首先在展标文字上将汉字和英文字母的笔画首尾进行楔形处理，营造出类似的视觉效果。同时在文物说明牌中采用楔形文字作为底纹，增加时代氛围感。

3. 空间设计

如前所述，展览拟定于深圳博物馆古代艺术7、8、9号展厅举办，总面积约700平方米。其中，7、9号厅为二连厅，面积各180平方米，8号厅为三连厅，面积为340平方米。鉴于原本的展厅布局较为开阔空旷，因此在空间设计上结合每个展厅的内容逻辑采取不同的空间设计方式——7号厅主要采用搭建展墙的方式分隔空间，在展厅入口处与第一单元的内容之间，回避常规的大幅平面式展标设计，而是凝练亚述尼尼微古城遗址与波斯波利斯宫殿遗址的建筑风格，构建出贴近的城墙设计，使之兼具展标与展厅通路的双重功能（图3）。同时结合文物的体量大小，定制搭建视觉上更加集中的橱窗式展柜，从而实现相对聚焦的视觉效果。8号厅的文物形制略大一些，则可以沿用展厅的通柜陈列，并借用独立柜及双面墙柜以分隔空间。9号厅在内容设计上除去第三单元外，还包括两个专题。对丝路沿线佛造像的陈列，特别吸取了佛龛的意象，单独辟出一整面展墙打造龛式柜，此举既打破了以往博物馆佛像陈列次第排开的窠臼，又实现了视觉的错落与氛围的营造，同时也成为观众的主要打卡点之一，受到了广泛好评（图4）。

4. 灯光设计

鉴于本次展出的文物皆为金属制品，对于灯光的要求相较于其他文物更甚。在考虑到文物保护安全所要求的照明150勒克斯前提下，局部定制3500～4000k可调光射灯。同时，在展柜内布置玻璃基台以配合灯光。此外，由于金属制品的形制多不规则、棱角多，在基础

图 3　展标墙

图 4　佛造像陈列墙

灯光设置下难免会有天然的照明死角和阴影投射，因此本次展览除了常规的展厅灯光与柜内灯光外，又进一步分别分析展品形态及展示重点，分别对柜内灯光加以提升。首先是在展品基台方面，弃用金银器文物陈列常用的包布模块，而采用木质烤漆嵌磨砂玻璃作为主要基台，一方面利用白色烤漆既可以突出金属光泽又不至于喧宾夺主，另一方面利用磨砂玻璃下置灯带又可以多角度增添金属器的光泽与质感。其次，再用亚克力材质底座为展品增加质感，加强稳定。且由于有小部分文物自带底座，系日方数十年间专门定制，为配合此部分文物的底座设计而不显突兀，在为其他文物新定制底座时，出于对柜内基座和谐性的考虑，除了常规的透明亚克力底座外，还穿插部分与木质底座颜色相近又有所区分的茶色亚克力底座，以平衡及均匀整个展览的柜内辅助展具色调，从而与柜内灯光的设计相得益彰。至于柜外灯光的设计，除常规的基础照明外，展览入口的投射灯、8 号厅的吊顶灯箱、9 号厅的背景墙灯光、佛龛射灯等，都是为凸显局部亮点而特别设计的效果灯光，为展览增色不少（图 5）。

5. 亮点设计

本次展览展品丰富，内容深入，历史跨度极大，文明延续深远。因此在展览的内容与形

图 5　展柜基台及灯光效果

式设计时既要保证内容的可看性，又要保证视觉的观赏性，整体而言，有以下几点值得一提：
首先是对展标的设计。由于深圳博物馆古代艺术馆的展厅建筑情况，展标一般是设置在展览
起始展厅的入口外墙处，用一整面墙作为展标的确能成就视觉上的宏大效果。但由于 8 号厅
的入口处为内凹设计的观众休憩空间，若要同其他展厅一般如此设置展标则需要封闭该空间，
一方面会减少观众的休息空间，另一方面也会增加施工成本与场馆维护成本。综上考虑，团
队在空间设计上首先考虑将展厅外的展标陈列移至展厅内，在展厅入口处与第一个展柜之间
搭建起一个立体展标，在功能上可以起到分隔入口流量的作用，在视觉上也能够利用半复原
半创作的仿古设计，当观者发现类似尼尼微古城的墙体横亘在眼前，泥筑质感的平面上浮雕
着公元前一千纪的亚述武士，大抵能够令观众们在展览伊始便眼前一亮。第二，亚述守护神
拉玛苏的复刻。从 8 号厅开始进入展览的第二单元，首先介绍的正是亚述帝国。在 8 号厅左
手边预留出 3 米左右的空白展墙，将亚述帝国负责接引神职的守护神拉玛苏雕刻于此处，恰
如其分（图 6）。此像参考了大英博物馆和法国卢浮宫收藏的出土拉玛苏石雕进行等比例缩小，
将出土所见 4.5 米左右的石刻缩小至 3 米，初步建模后以泡沫树脂打底，再经数次雕刻、打磨、
上色、喷漆及做旧，形成几乎逼真的石质肌理。既可以作为观众打卡点增加展览互动性，又
可以在讲解环节借此深入介绍拉玛苏形象的起源发展史，从而引申至此类形象在各亚洲文明
古国的传承与变迁。第三，展览中特别设置了三个 AR 展柜，以古代亚述武士的形象及音色，
音画同步介绍与古代中国艺术有涉的三类器物——裂瓣纹器、来通杯、青铜连枝灯（图 7）。
此外，在 9 号厅的展陈设计中，首先是在第一面展墙处用三个相邻的独立柜进行陈列，青铜
连枝灯置中，两侧以亚克力板雕西亚人物线图辅助悬缀各类金首饰。而背景墙则采用西亚流
传甚广的有翼神人朝拜神树形象，选取两个典型的翼人形象左右拱卫青铜连枝灯，同时在平

图 6　拉玛苏雕像

图 7　AR 展柜

图 8　有翼神人朝拜神树造景

图 9 "翻翻乐"互动装置墙

图 10 结语图片墙

面和空间上间接还原了此图景（图8）。最后，对专题一和专题二的陈列设计，佛造像的陈列前已论及，即创造性地采用仿佛龛墙式柜进行陈列。专题二钱币，则以亚克力凿孔嵌套钱币进行柜内垂直陈列，考虑到钱币的形制偏小且多为双面，又从旁安置"翻翻乐"互动装置墙（图9），既可以逐一展示钱币正反两面的放大图样，又为少儿观众提供了一处寓教于乐的互动项目，可谓一举两得。本次展览举办的2023年时值"一带一路"倡议提出十周年，因此在展览的最后，结语墙的对面又设计一面墙，装饰有随着古丝绸之路传到中国并在中国境内出土的各类亚洲文明古国的重要文物图片（图10），以古今碰撞、中西交流作一美妙的小结。

四、总结思考

1. 文物进境展览的操作流程

目前文物进境展览的操作流程，主要以《国家文物局文物博函 [2017]1893 号〈关于印发《文物进境展览备案表》等有关事项的通知〉》（以下简称"通知"）为参考依据。根据要求，本展览及其文物为引进巡展，此前分别在敦煌研究院、清华大学艺术博物馆、成都博物馆相继展出，首批 254 件展品由敦煌研究院申报入境，此后又有 9 件展品由清华大学艺术博物馆申报入境。本展览在展览协议签订后，按"通知"要求，在经由展览引进单位敦煌研究院及其所在地文物主管部门甘肃省文物局同意后，报深圳博物馆上级主管单位深圳市文化广电旅游体育局备案。在备案通过后，按规定要求向文物进出境审核机构和海关申报文物进出境。此次文物进出境审核机构为国家文物进出境审核陕西管理处、国家文物进出境审核北京管理处，文物在成都展览结束后经深圳海关申报转至深圳进行展览。此外，"通知"规定展览文物在境内滞留时间超过 6 个月的，需申请办理文物延期出境手续，因此，在协议签订后及展览期间，本馆分别对两批文物会同原文物进境申报单位共同申请了延期。需要特别注意的是，相较于直接引进展，巡展或临时增加展期及展地的，需要向文物主管单位申请"文物进境展览变更备案"，手续因此更为复杂。由于涉及多家单位，在备案材料准备过程中，需要预留充足时间以供基本的文件传递及突发情况处理。本展览在筹备过程中，幸赖文物引进单位敦煌研究院各位老师的大力支持协助，国家文物局、甘肃省文物局、深圳市文化广电旅游体育局对展览备案及变更备案流程的熟稔与高效办理，国家文物进出境审核陕西管理处、国家文物进出境审核北京管理处诸位同仁对文物鉴定工作的严谨认真，以及深圳海关及其下属皇岗海关综合业务处展览品及免税品监管科对文物进出境手续的协调推进，本展览才能顺利地如期举行。

2. 跨文明背景的"水土不服"问题

近年来我国进境展览的数量和质量均有显著提升，从西亚到美洲，从波斯到罗马，从维多利亚到江户时代，文物进境展览的内容可谓千姿百态。而当观众驻足于这些花团锦簇的进境展厅门口，常常面临的第一道考验正是跨文明背景所带来的难以消化的"水土不服"。一般来说，以单个或多个文明为背景的引进展，在文物展示之前首先要向观众展示的便是该文明的相关背景。因此，单一文明的集中展示或许相对容易，而汇集了多个文明或时代的"群星"式展览，则更为复杂，本展即是其中一例。因此在展览策划过程中，首先要解决的就是年代对应的问题——在展览入口处利用一面背墙设置时间轴（图 11），将展览中所介绍的古文明与国家置于古代中国的时间线下方，使观众在展览伊始即可以初步推知各文明国家大致对应中国的某个朝代，方便将本不熟悉的文明背景置于熟悉的文明背景之下，从而在稍后的观展环节中更加容易对应，且更有代入感。其次，要注意章节设置的逻辑性和去粗取精。对于跨

图 11　时间轴

多文明的引进展，在一场展览中进行通史般的知识科普既会令观众觉得枯燥冗余，又往往难以突出重点。在本展览的重新策划中，便考虑利用时间和地域的变迁作为两条主要脉络，将纷繁众多的文明古国分为三个主要单元，每个单元代表了大的时代跨度，每小节则用来讲述具体的文明，在此基础上，由整体到细节地介绍亚洲文明古国不同时代的冶金艺术，对初次观展的观众来说，自然更有条理也更易于吸收。最后，在形式设计上也同样要给观众以身临其境感。在平面与空间设计中，除了从展品本身提取元素，同样可以引用相关文明背景下代表性的建筑、器物、图像等，加以变化，使之更加适合展场的整体设计。本展览中展标、灯箱、隔断墙等多处设计均以此思路进行，意在为观众提供全方位沉浸式的观展体验。

此外，配合展览内容，在展览期间特别邀请学界的两位专家进行专题讲座——由前南越王宫博物馆馆长全洪研究员讲述"银筐罍、金叵罗：从两广汉晋域外金银器看海上丝绸之路"，中国科学院自然科学史研究所苏荣誉教授讲述"黄金视角：东西早期金冠观念与技艺的隔断与丝连"，分别从在地化及技术史层面拓展展览深度，并将展览内容撰述成撰文一并录于本书。在此也对二位前辈在展览过程中的耐心协助与无私教诲表示由衷感谢。

3. 策展人目标与观众期待的平衡

在为期四个月的展览期间，深圳博物馆对本展览的舆情监督显示，观众普遍对于本展览的认可程度较高，这或许也说明了展览策划的一个成果展现——策展人目标与观众期待的基本平衡。而此种平衡不仅可以作为展览观赏体验的一个评价标准，对策展人及策展团队来说，对此种平衡的追求应当贯穿整个策展环节始终，想观众之所想，使之成为内容策划、形式设计、讲座选题甚至社教宣传活动的一盏指路明灯。感谢粤港澳大湾区乃至全国各地来深的观众朋友持续对深圳博物馆提出的高质量建议和意见，能使我们在社交媒体的海洋中拾获朵朵灵感的浪花，从而不断精进与改善，持续呈现出更加精彩优质的展览。